N * FRANZ * SUSANNE * PETER * ULRIKE * FREDERIK * ANNABELLE * ULI * GERALD
* MONIKA * NIKOLAI * ASTRID * TOBIAS * ANNEMARIE
* ALEXANDER * PHYLOMENA * TILL * AGNES * GÜNTHER
RISTIANE * BERNHART * ANNETTE * DIETMAR * ELFRIEDE
INE * KONRAD * DORIS * MANFRED * LIA * WILHELM *
CO * IRMA * MARIAN * JOHN * GRETE * ALAIN * FRANC
HARALD * MENA * JOSEF * IRMA * FRED * ANNETTE * HERALD * MARLENE * EMIL *
* OLIVIA * DONALD * ISA * ROGER * CORNELIA * ENGELBERT * ISABELLA * MARKUS
* INGE * ROBERT * CHARLOTTE * WILLY * ALEXANDRA * WALTER * OLGA * ALOIS
ZISKA * JENS * APPOLONIA * SEBASTIAN * GABRIELE * CLAUDE * HELGA * MAX
RGOT * JIM * REGINE * AXEL * ROSA * ARTHUR * RITA * HENRY * ILSE * CARLOS *
SIGRID * MARYLIN * KARLHEINZ * CLÄRE * HEINO * KATRIN * HUBERTUS * ELISE
RMIN * PATRICIA * ANDREE * JESSY * GEORGE * ILONA * BORIS * PETRA * MIKE *
INGRID * ALLAN * FRÄNZI * PAUL * ANNEGRET * ROBBIN * JUDY * THEODOR * IRIS
EMMY * FLORIAN * KERRIN * ERICH * MARIELE * WLADIMIR * CONNY * JOSEPH *
* SYBILLE * FRANK * HELENE * JOHANNES * NATASCHA * KARL * JEAN * BALDUR
LEEN * FRITZ * CAROLINE * NICK * BÄRBEL * DUFF * JUTTA * SIMON * DAGMAR *
OMAS * LUCY * WOLFGANG * ROSEMARIE * BERNHARD * SOFIE * MICHAEL * EDITH
ER * CATHRINE * DICK * ELKE * RUDI * DAISY * PATRIK * SUSU * PIT * NELLY * ERICH *
ELIZABETH * SASCHA * KAJA * NANCY * ANTON * LINDA * GARY * BERTA * TIBOR
* CLAUS * KARIN * PIERRE * HENRIETTE * ERWIN * MONIQUE * CONRAD * KIRSTEN *
TL * WALTRAUD * OSKAR * MARGRET * WILLIAM * ANGELIQUE * JACK * GERDA
SWALD * ANNI * VICTOR * GISELA * GERD * ELLY * RONALD * MARIANNE * FRANZ-
* GEORG * SONYA * JOE * ELFRIEDE * TOM * RITA * LOTHAR * JENNY * SIGURD *
ED * BRUNHILDE * HELMUT * STEPHANIE * ARTHUR * PAOLA * CARLO * MANUELA
* TOMMY * LINA * ERNI * VRONI * SEPP * ROSALY * ELIAS * HEIDRUN * JÖRG *
CQUE * INGEBORG * PHILIPP * HANNELORE * TIMOTHY * CONSTANCE * CHERRY
* JEAN * LOMMY * RUDOLPHO * GERTRAUD * DUFFY * TATIANA * SAM * DORA *
EN * DORIS * FRITZ-RUDOLF * HANNI * STEFAN * HEDDA * ALEX * SALLY * FREDERIK
UDIA * THEODOR * MAUREEN * STEVIE * EMILIA * HANS * PEGGY * DANIEL * LILO *
OLDE * BENEDIKT * EVELYN * HEINRICH * MAGDALENA * BALDUIN * FRANCESCO
* ALFONS * JOAN * HANSJÖRG * CLÄRE * ROMAN * ANIKA * STEPHAN * MAISY *
OSHE * MONIKA * XAVER * ERIKA * JOCHEN * LESLY * JUSTUS * MARIETTE * OTTL
ERT * LUCILE * RUADI * ALEXA * FERDINAND * MAGDALENE * ANGELO * ERNESTINE
* CLEMENS * GEORGINE * DETLEV * LISA * SYLVIO * CLARA * JUPP * SYBILLE * UDO *
* MARCO * ISA * ORTWIN * NICOLE * RUPPRECHT * SANDRA * CHRISTIAN * LUTZ
GA * MANUEL * JACKIE * HENRY * ROSEMARY * DIETMAR * ESTRELLA * ABDUL *
KY * FERDI * VIOLA * PEPPO * LISL * EPHRAIM * TRAUTE * GINO * EMILIA * HELMUTH
IRMTRAUT * GERARD * SIMONE * SEBASTIAN * RANCINE * FERDINAND * GERTI *
SAAK * GINA * WOLFI * LINA * MORITZ * KATE * WOLF * SHIRLEY * JIMMY * GERDI
IKA * ARMIN * LIZETTE * GILBERT * MADLEINE * BERNWARD * ANNEGRIT * KONNY *
RC * MELA * DOMINIKUS * GILDA * STEPHEN * NORTRUD * GUILLAUME * ROTRAUD
ENNING * MARIANNE * FRANZJOSEF * SANDY * IBN * EDDA * HOIMAR * SUSANNE *
* ERNEST * VIVIENNE * EMILE * SABRINA * RENEE * CLAUDETTE * HERWIG * SANNY
RGES * GERLINDE * OTMAR * MARIELE * GERRY * HARVA * FRITJOF * HEDWIG *

von früh an fit mit NICO's KINDERKÜCHE

OLLI LEEB

1990 – 2. Auflage

ISBN 3-921-799-87-2

Druck: grafik+druck, 8000 München 21
Illustrationen: Judith Steinbacher, 8000 München 19
Schutzklappen: Gebrauchsmusterschutz eingetragen
unter Nr. B 42 D 3-04 GM 8930 597

Printed in Germany

Inhalt

Liebe Freunde

groß und klein,
schaut mal in dies Buch hinein.
Ihr findet hier so viele Sachen,
die Ihr könnt alleine machen.
Die Rezepte hab' ich all' erprobt,
meine Omi hat mich doll gelobt.
Alles ist so gut gelungen,
bin sogleich ganz hoch gesprungen.
Auch das eine wurde nicht vergessen:
1mal kochen – zweimal essen.

Jetzt kann ich mittags für mich sorgen,
abends bin ich sowieso geborgen.

Ich grüße Euch von ♥en froh,
vielleicht kocht Ihr bald ebenso.

Nico

Liebe Eltern, Omas und Tanten,

unsere veränderten Lebensbedingungen erfordern in mancher Beziehung eine geistige Umstellung und auch Trennung von traditionellen Gewohnheiten. So ist zum Beispiel das gemütliche, gemeinsame Mittagessen, jahrhundertelang eine Selbstverständlichkeit, heute in den meisten Fällen wochentags gar nicht mehr möglich.

Die Kinder wachsen selbständiger heran und versorgen sich oft schon alleine. Es ist dies der beste Zeitpunkt sie an eine bewußtere Ernährung heranzuführen. Die Kinderküche sollte gesund, abwechslungsreich, vernünftig, außerdem schnell und leicht zu bereiten sein. Sie muß in jeder Hinsicht auch **durchführbar** sein. Bei aller Liebe zum Gesunden, kann zum Beispiel nicht jeder in einem Mietshaus eine Schrotmühle aufstellen!

Die meisten Kinder wissen zwar heute, was sie einem Hund, der Katze, dem Meerschweinchen, dem Hamster, den Goldfischen und dem Papagei etc. füttern dürfen, damit die Tiere gesund bleiben.

Wie sieht es aber mit dem eigenen „Futter" aus? Wissen sie, daß die ewigen fetten Pommes frites auf die Dauer zu einseitig sind und keinen Ersatz für ein richtiges Mittagessen bieten?

Mit diesem Buch geben Sie Ihrem Kind Anleitungen in die Hand, wie es sich in kurzer Zeit ein gesundes und schmackhaftes Essen bereiten kann. Zudem erwirbt es sich Kenntnisse, die später von Nutzen sind. Wenn es die einfachsten Grundnahrungsmittel zu Hause hat, wie: Kartoffeln, nicht zu stark ausgemahlenes Mehl, Gemüse, Obst, Salat, Milch, Butter, Quark, Käse und ein gutes Samen- oder Keimöl und Gewürze, ist es fähig nach diesen Rezepten schnell etwas Gutes zu kochen. Machen Sie die Probe und lassen Sie sich dann einladen!

Bald kommt auch Ihr Kind auf die Schliche
von Nico's Kinderküche!

Dies wünscht Ihnen

Ihre

P.S. Wissen eigentlich alle Eltern, Omas, Tanten und Freunde, daß als Mitbringsel süße Schleckereien keine „Belohnung" sind? Andere Vorschläge S. 79. Siehe auch S. 62.

Wichtig:
Unbedingt vor Kochanfang lesen

1. Beginne mit Deinen Kochkünsten **am HERD** erst, wenn Du so groß bist, daß Du ohne Schwierigkeiten **in** den Topf schauen und den Topfboden gut überblicken kannst.

   Bitte nicht auf einen Stuhl oder Hocker steigen!!! Bei einem Sturz könntest Du Dich nicht nur verletzen sondern auch verbrühen oder verbrennen.

2. Nachdem es so viele Herdtypen gibt, kann man hier nicht alle beschreiben. Am besten läßt Du Dir den Herd, den Du benützt, genau von einem Erwachsenen erklären.

3. Vor Deinem Start als Superkoch gibt es an Dir noch einiges zu regeln. Falls Du lange Haare hast, stecke oder binde sie zurück. Keiner liebt das „Haar in der Suppe", auch dann nicht, wenn es das eigene ist.

4. Zieh eine gut deckende Schürze an, dann mußt Du nicht so aufpassen und Deine Kleidung bleibt „piccobello" sauber. Befestige 2 Topfhandschuhe an einem Band (S. 10) und hänge sie um, dann hast Du sie immer gleich griffbereit.

5. Lege Dir dieses Buch zurecht und suche Dir ein Rezept aus. Entweder im Inhaltsverzeichnis S. 3 oder wenn Du das Gericht schon kennst, im Alphabetischen Register S. 77. Wenn Du das Rezept gefunden und aufgeschlagen hast, legst Du die beiden Klarsichtklappen, die am vorderen und hinteren Bucheinband befestigt sind, auf die Buchseiten. So – jetzt können keine Flekken auf die Rezeptseiten und das Buch bleibt offen liegen. Ganz schön praktisch, gell?

6. Die Abkürzungen findest Du auf S. 9 erklärt. **Alles klar?**

Die 10 Pünktchen präg Dir ein: so wirst Du immer topfit sein!

1 ● Gestalte Deinen Speiseplan abwechslungsreich, dann treten keine Mangelerscheinungen auf.

2 ● Halte Ordnung ein während des Tages. 3 Haupt-Mahlzeiten in Muße genießen! Dein Magen möchte auch einmal Ruhe. Zwischendurch kannst Du viel trinken. (S. 71)

3 ● Verwende die Zutaten so frisch wie möglich, vor allem Obst, Salat und Gemüse.

4 ● Bevorzuge Vollkornprodukte, die herzhaft schmecken, länger anhalten und noch Ihre ganze Kraft besitzen. (Siehe auch S. 62 Zuckerkarussell.)

5 ● Verwende Frischmilch, Joghurt, Sahne, Quark, Käse (außer Schmelzkäse) in allen Formen.

6 ● Fleisch, Fisch und Eier in Maßen! Rohkost, Gemüse $\frac{4}{5}$ und 1 Teil Fleisch oder Fisch! Schau Dir Deine Teller an, ob das Verhältnis stimmt!

7 ● Ungewürztes Essen ist fade. Würze mit vielen frischen Kräutern, was ein Würzen mit Salz oft überflüssig macht. Wenn Salz, dann Meersalz, das unter anderem auch Jod enthält. Bei Verwendung von Sojasauce oder anderer pflanzlicher Flüssigwürze kein Salz zusätzlich! Merke: Nie zu salzig – zu sauer – oder zu süß!

8 ● Gut kauen, nicht schlingen, Du sollst während dem Essen nicht nebenbei Lesen, Hausaufgaben machen oder Fernsehen etc. . . !

9 ● Deck Dir Deinen Tisch so schön, wie wenn Du einen Gast erwarten würdest! „Das Auge ißt mit“ heißt es und ich glaube das stimmt wirklich.

10 ● Und noch etwas:

Vor dem Essen
danke still und bet’,
weil so viel Gutes
auf dem Tische steht.

Küchenausdrücke

anlegen:	eine Speise klebt am Topf, Anbrenngefahr!
aufschäumen lassen:	z. B. bei Butter, sie schäumt schon bevor sie ganz heiß ist.
auswellen oder auswalken:	den Teig mit Nudelholz flachrollen. Im Notfall kann man eine saubere Flasche nehmen.
backen:	geschieht immer **offen**, entweder im Backrohr oder oben in der Stielpfanne.
braten:	in Butter oder Öl in einer Stielpfanne oder in einem flachen Topf.
dämpfen:	geschieht auf einem Sieb über kochendem Wasser.
dünsten:	in wenig Flüssigkeit zugedeckt garen.
erhitzen:	Fett oder Flüssigkeit einfüllen, dann auf große Hitze einstellen, Fett darf nicht mehr schäumen.
hobeln:	kannst Du auf einer Rohkostreibe oder einem Gurkenhobel.
kleinschneiden:	von Kräutern oder Gemüse kannst Du am besten mit einem großen, breiten Messer. Aufpassen, Messer ein bißchen schräg nach außen halten, damit Du Dich nicht schneidest. Zwiebel und Kräuter kannst Du auch in einen Zwiebelschneider geben. Da passiert nichts.
köcheln lassen:	leise kochen, nicht sprudeln lassen.

passieren: durch ein Sieb streichen oder Passiersieb drehen.

raffeln: auf der Rohkostreibe längliche Streifchen abreiben.

reiben: auf einem kleinlöcherigen Reibeisen fein reiben.

rösten: geht sehr schnell, dabeibleiben!

rühren: mit einem Kochlöffel oder mit Elektroquirl auf Stufe 1–2.

stifteln: z. B. von Rüben oder Kartoffeln, feine Längsscheiben schneiden, aufeinanderlegen und Streifen abschneiden, dann hast Du viele mit einem Schnitt.

zum Kochen bringen: zuerst große Hitze einstellen, bis die Flüssigkeit kocht und sprudelt, später wie im Rezept angegeben zurückschalten.

Zeichenerklärung

g = Gramm (10 g = 1 deka)

l = Liter

° = Wärmegrad

Min. = Minute

Std. = Stunde

cm = Zentimeter

mm = Millimeter

Ø = Durchmesser

EL = Eßlöffel gestrichen voll

TL = Teelöffel gestrichen voll

1 Msp = 1 Messerspitze = ca. ¼ TL

1 Prise ist gerade so viel, wie Du mit 2 Fingern halten kannst.

ggf. = wenn nötig

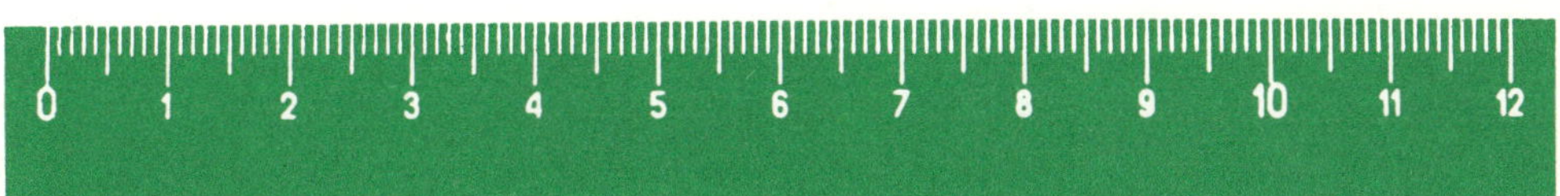

Küchen-

Geräte

Was alles im Regal steht an Küchengeräten:

1 Gurkenhobel
2 Schüsseln
3 Maßbecher
4 Küchencrepp
5 Küchenschere
6 Frischhalte- oder Alufolie
7 Backschaufel
8 Kuchengitter
9 Bratreine
10 Holzspachtel, Kochlöffel, Backpinsel
11 Zwiebelschneider
12 Topfhandschuhe
13 Eierschneider
14 Backblech
15 Nudelroller, Nudelholz
16 Bratpfanne mit Deckel
17 feuerfester Topf mit Glasdeckel
18 Springform, Tortenform
19 Einmach- und Vorratsgläser
20 Pfeffer- und Muskatmühle
21 Stielpfanne
22 Holzbretter
23 Topflappen
24 Teigrädchen
25 Schneebesen
26 Rohkostreiben
27 Schöpflöffel
28 Gemüseschäler
29 großes Küchenmesser
30 Apfelausstecher
31 Kartoffelschäler
32 feines Sieb
33 Sieblöffel
34 Salatsieb
35 Siebeinsatz zum Dämpfen
36 Salatbesteck
37 große Tasse, die ¼ l faßt
38 Zitruspresse
39 Wandwaage

Was Du noch bräuchtest und nicht im Regal steht:

1 Backbrett, 1 Elektro-Handquirl mit Mixstab, 1 Passiersieb und eventuell eine Knoblauchpresse, 1 feuerfeste Form.

morgens

„Frühstücke wie ein König“ heißt es und dann fängt der Tag auch gut an. Genieße die erste Mahlzeit in Ruhe.!!!

Richte abends alles her, was Du für die Schule brauchst! Hetze am Morgen ist schlecht.

Ein abwechslungsreiches Frühstück läßt es Dir nie langweilig werden. Im Winter wirst Du Dich auf ein warmes Getränk freuen. Im Sommer kann es sein, daß Du Lust auf eine frische Fruchtmilch hast. Alles findest Du dann unter „Getränke“ S. 71.

Damit Du in der Schule nicht gleich wieder Hunger bekommst, solltest Du mit Deinem Frühstück eine gute aber nicht belastende Grundlage haben. Da bist Du mit einem selbstgemixten Müsli fein dran. Rezept auf der nächsten Seite.

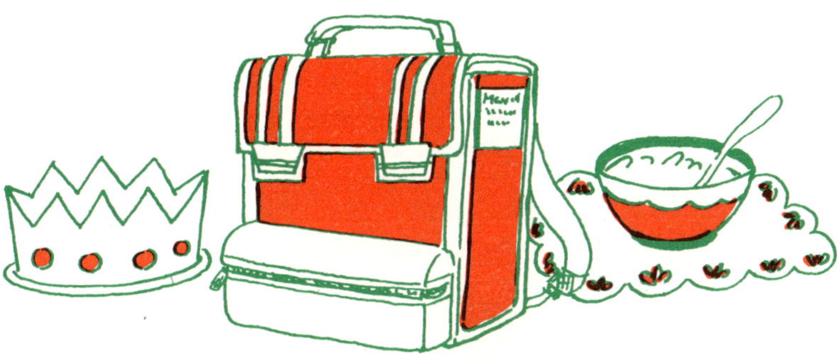

Wenn Du ein gekauftes Müsli verwendest, achte darauf, daß es ein ungesüßtes ist, die darin enthaltenen Trockenfrüchte bringen nämlich schon genug Fruchtzucker mit. Zu süße Müsli taugen nichts und machen durstig.

MÜSLI – selbstgemixt

Die Zutaten hebst Du am besten in getrennten Gläsern auf Deine Lieblingsmischung kannst Du aber auch für 1 Woche (nicht länger) herstellen, also alles mal 7 nehmen und in einem Schraubglas aufheben.

In ein kleines Schüsselchen gibst Du folgendes für 1 Pers.:

1 EL Vollkornhaferflocken
1 EL Hirseflöckchen
1 EL Cornflakes
1 EL Sultaninen oder einige eingeweichte Trockenfrüchte
1 TL Leinsamen
1 TL geriebene Mandeln
1 TL Weizenkeime

Nach Belieben gießt Du Milch, Joghurt, ein bißchen süße Sahne oder Buttermilch darüber. Und jetzt kannst Du noch hineingeben:

½ Banane in Scheibchen, ½ Apfel gewaschen und mit der Schale gerieben oder Pfirsich, Birne oder Aprikose geschält in Stückchen geschnitten o d e r Himbeeren, Blaubeeren oder Erdbeeren, oder 1 Schnitz Melone in Stückchen geschnitten.

Du kannst jeden Tag eine andere Zusammenstellung „erfinden".

Wenn Du einmal
keine Lust auf Müsli hast, machst
Du Dir zur Abwechslung ein anderes
Frühstück nach Deiner Wahl. Es sollte aber
immer ein Vollkornprodukt und ein Milchprodukt
enthalten, damit du mit „Kraftstoff" versorgt bist.

Erfrischungstee
Vollkornbrot m. Butter,
Quark, Schnittlauch,
Gurke oder Tomaten

Malzkaffee mit Milch,
Butterbrot mit
Bananenscheibchen
u. Nüssen.

Milchmix,
Vollkornbrot mit
Erdnußbutter,
frische Erdbeeren
halbieren
oder andere Früchte
kleinschneiden.

Tee
Sesam-Knäcke-Brot
mit Butter und Schnitt-
käse, Apfelscheibe
oder Kiwi darauf.

Milchkaffee
Joghurt, viele Früchte
hinein, Cornflakes u.
Weizenkeime darauf.

Und noch was Besonderes:

dazu kein Getränk! – ½ Ogen- oder Gallia-Melone entkernt mit Müsli (Seite gegenüber) füllen, auslöffeln immer mit einem Stück Melone.
Das schmeckt!

Ich glaube nicht, daß Du nach diesen Angeboten
noch ein Frühstücksmuffel bist!

Weißt Du was ich schmause
in der Schule in der Pause?
Immer nur ganz frische Sachen,
die mich fit und munter machen!!!

Und das kann sein: 1 gewaschener Apfel oder Birne, Banane, Mandarinen, die sich leicht schälen lassen, eine gewaschene Traube, eine geputzte Mohrrübe, ein Knäckebrot oder in einem Tütchen selbstgemixtes

Studentenfutter

In einer Schüssel mixen und in einem Schraubglas aufbewahren:

- 2 EL Erdnußkerne
- 2 EL Cashewkerne
- 2 EL Walnüsse
- 2 EL Haselnüsse
- 2 EL Pignolienkerne
- 2 EL Puffreis
- 2 EL Sultaninen
- 1 EL Rosinen
- 1 EL geschälte Mandeln
- 1 EL ungeschälte Mandeln
- 1 EL Kokosnußchips
- 1 EL Sonnenblumenkerne

Wenn Du aber keinen Hunger in der Pause hast, wäre das nicht schlimm, Du könntest Mineralwasser oder Sprudel (aber bitte keine Limo) trinken, dann freut sich Dein Magen auf ein gutes Mittagessen!

Milchprodukte sind bis Mittag nicht verdaut! Gönne Deinem Magen auch eine Pause!

Suppen

Ein feines Süppchen ob warm oder kalt
erfreut alle Leute ob jung oder alt.

Nachdem es doch länger dauern würde, selbst eine Gemüsebrühe als Grundlage herzustellen, kannst Du einen **Gemüse**brühwürfel oder gekörnte **Gemüse**brühe verwenden. Du erhältst die beiden Arten in einem guten Lebensmittelgeschäft oder im Reformhaus.

Grundrezept für 1 Teller Gemüsebrühe

Du brauchst:

¼ l Wasser
½ Würfel Gemüsebrühe
oder 1 TL gekörnte Gemüsebrühe

So machst Du es richtig:

Das Wasser zum Kochen aufsetzen, bis es sprudelt, ½ Gemüsebrühwürfel oder 1 TL gekörnte Gemüsebrühe hineingeben, umrühren bis sich alles gelöst hat. Schon fertig für die Einlage!

In den folgenden Rezepten ist immer dieses Grundrezept angegeben. Es ist so einfach, daß Du es bald auswendig kannst.

Von Deiner Lieblingssuppe kannst Du auch das doppelte Quantum machen, vielleicht magst Du abends auch noch davon.

Nico's Lieblingssüppchen

Eierflaumsuppe

Du brauchst:

¼ l Wasser, ½ Gemüsebrühwürfel oder
1 TL gekörnte Gemüsebrühe, 1 kleines Ei,
1 Msp geriebene Muskatnuß, ½ Bund Schnittlauch

Geschirr: kleinen Topf, Milchkännchen.

So machst Du es richtig:

1. In einem Töpfchen ¼ l Wasser zum Kochen bringen, ½ Gemüsebrühwürfel hineinbröckeln oder die gekörnte Brühe einstreuen.
2. 1 kleines Ei in ein Kännchen aufschlagen, 1 Msp Muskat zufügen, mit einer Gabel verschlagen.
3. Das Ei in einem dünnen Strahl in die Brühe einlaufen lassen, dabei umrühren. Elektroplatte ausstellen oder Gas kleinstellen.
4. Nach 1 Min. ist die Suppe fertig. Den Schnittlauch waschen, in Röllchen schneiden. Suppe in tiefen Teller oder Suppentasse füllen, mit dem Schnittlauch bestreuen.

Mit einer schönen Scheibe Vollkornbrot mit Butter bestrichen und Tomaten belegt, hast Du schon einen kleinen Imbiß, zum Beispiel für abends.

1 × K + 2 × E
heißt 1 × kochen, 2 × essen

Dieses Quantum kannst Du getrost machen. Vielleicht magst Du abends noch davon oder Du machst Dir aus den restlichen Nockerln ein anderes Gericht, nämlich Käsenocken auf S. 44. Du kannst die restlichen Nockerl auch einfrieren, dann hast Du schon vorgekocht für ein anderes mal.

Grießnockerlsuppe

Du brauchst:

3 EL Butter (30 g)
1 Ei, 1 Msp Muskat
60 g groben Grieß
1 Msp Meersalz

1 l Brühe = 4 x Grundrezept Gemüsebrühe S. 17
½ Bund Schnittlauch

Geschirr: 1 Topf 2 l fassend, 1 Rührbecher, Quirl od. Kochlöffel.

So machst Du es richtig:

1. 30 g weiche Butter in einem Becher rühren, bis sie hell ist, entweder mit Kochlöffel oder Elektroquirl.
2. Das Ei, 60 g Grieß, 1 Msp Salz u. Muskat zugeben, gut verrühren.
3. In einem Topf 1 l Wasser zum Kochen bringen, Gemüsebrühwürfel hineinbröckeln oder gekörnte Brühe einstreuen. Mit 2 nassen Teelöffeln kleine Nockerl einlegen, zudecken, bei kleiner Hitze 15–20 Min. leise ziehen lassen.
4. Nockerl mit Suppe in Suppenteller oder -tasse füllen. Schnittlauch waschen, in kleine Röllchen schneiden, auf die Suppe streuen.

Diese feine
Suppe ist schon ein kleiner Eintopf
und ich glaube, Du kannst 2 Teller
davon leicht essen.

Chinesisches Gemüsesüppchen

Du brauchst für 2 Portionen:

½ l Gemüsebrühe also:
2mal Grundrezept S. 17
10 cm Lauch
1 kleine gelbe Rübe
1 Tasse frische Sojasprossen
oder Champignons
1 dünne Scheibe Rindslende (100 g)
25 g chin. Glasnudeln (Fense)
oder 1 Tasse gekochte Nudeln
1 TL Dajong (Chinagewürz)
1 TL Sojasauce

Geschirr: Suppentopf, Rohkostreibe, eventuell Eierschneider.

So machst Du es richtig:

1. Glasnudeln kalt in einer kleinen Schüssel einweichen.
2. Gemüse waschen. Gelbe Rübe gut bürsten. Lauch in dünne Rädchen schneiden. Das Fleisch in sehr schmale Streifchen schneiden.
3. Gemüsebrühe von ½ l Wasser und 1 Brühwürfel herstellen. Die gelbe Rübe grob raffeln und hineingeben. Champignons mit feuchtem Küchencrepp säubern, Stielende abschneiden. In Scheibchen schneiden, kann auch mit Eierschneider gemacht werden.
4. Alle Zutaten in die Suppe geben, die ausgedrückten Glasnudeln oder die gekochten Nudeln, das Fleisch, Lauchrädchen, Sojasprossen oder Champignons und die Gewürze 2–4 Min. kochen lassen. Fertig! Statt der Fleischstreifchen kannst Du auch einmal Fleischbällchen einlegen. Siehe S. 53.

Was Du aus
einem Bund Radieschen machen
kannst:

Radieschensuppe mit rot-weiß-grün Brot

Du brauchst:

1–2 Scheiben Vollkornbrot,
ca. 1 EL Butter (oder 3 EL Quark), 1 Bund Schnittlauch
oder 50 g Gartenkresse, 1 großen Bund Radieschen (ca. 12 Stück)
ganz frisch, ungespritzt, mit jungem Grün, ¼ l Wasser,
½ Gemüsebrühwürfel oder 1 TL gekörnte Gemüsebrühe,
½ TL Zitronensaft, 3 EL süße Sahne.

So machst Du es richtig:

1. Vollkornbrot, Sonnenblumenbrot oder Gewürzbrot mit Butter oder Quark bestreichen, dick mit Schnittlauch oder Kresse bestreuen. Radieschen von den Blättern abschneiden, mit den Blättern in Salzwasser waschen. Alles abtropfen lassen, die Radieschen in Scheiben schneiden, wie Dachziegel auf das grüne Brot legen.
2. In einem kleinen Topf ¼ l Wasser zum Kochen bringen, inzwischen von den Radieschenblättern die langen Stiele abzupfen, Blätter in das Wasser geben. Nach 3–5 Min. sind sie weich. Mit dem Mixstab oder im Mixer vermusen, ½ Gemüsebrühwürfel in der Suppe auflösen, Zitronensaft und 3 EL süße Sahne zufügen, nicht mehr kochen! Schmeckts?

Dies angegebene
Quantum ist für 1 Portion, ich rate
Dir, koch die doppelte Menge, sie wird
Dir schmecken und ist blitz-schnell hergestellt. Du kannst sie auch abends essen.

Kartoffelsuppe

Du brauchst:

¼ l Wasser
½ Gemüsebrühwürfel
1 eigroße Kartoffel
½ gelbe Rübe

½ TL Majoran
Schale v. ¼ ungespritzten Zitrone
1 EL gehackte Petersilie
1 EL süße oder saure Sahne

Geschirr: einen Kochtopf, Rohkostreibe.

So machst Du es richtig:

1. 1 Grundrezept Gemüsebrühe herstellen. (S. 28)
2. 1 Kartoffel und ½ gelbe Rübe gut waschen und bürsten. Mit der Schale in die kochende Brühe reiben, umrühren.
3. Zitronenschale hineinreiben, mit Majoran und Petersilie abschmecken, nach Belieben die Sahne zugeben. Dann nicht mehr kochen. Schon fertig!

Für hintennach kannst Du Dir Florentiner Apfelscheiben machen (S. 65), die passen gut als Dessert. Bereite die Äpfel schon mit dem Gemüse vor, dann ist die Nachspeise fertig, wenn Du die Suppe gegessen hast.

Diese Suppe ist
für heiße Tage ideal, bereite
sie rechtzeitig vor. Im Kühlschrank
aufbewahrt ist sie später ein herrlicher
„Durstlöscher".

Kalte Gurkensuppe

Du brauchst:

½ Gurke ca. 15 cm
1 Becher Joghurt
4 EL saure Sahne
½ Knoblauchzehe
nach Belieben
1 TL Sojasauce
1 TL Obstessig
1 EL gehackten Dill

Geschirr: kleine Schüssel, Rohkostreibe oder Mixstab.

Und so schnell ist sie gemacht:

1. Gurke waschen, ganz dünn mit Gemüseschäler schälen, auf der Rohkostreibe fein in eine Porzellan- oder Glasschüssel reiben oder mit dem Mixstab vermusen.
2. Joghurt, gepreßten Knoblauch, Sahne und Essig einrühren. Zugedeckt in den Kühlschrank stellen.
3. Vor Gebrauch Dill fein hacken, Suppe mit Sojasauce abschmecken, in Suppenteller oder -tasse füllen, mit Dill bestreuen.

Für hinterher hättest Du noch Zeit für ein kleines Gericht.

Z. B. Tomaten-Blitzgericht S. 33 oder Rührei mit Krabben S. 48 oder Bratkartöffelchen S. 36.

Sicher fällt Dir noch ein kleines Lieblingsgericht ein.

Ein Eintopf der
gut schmeckt und schön satt macht.
Diese Portion ist für 2 × essen.

Linsensuppe mit Spätzle

Du brauchst:

Ausnahmsweise 1 Dose (300 g) Linsen, die Garzeit wäre sonst zu lange für Dich. Lasse sie Dir öffnen!
10 EL Mehl, ½ TL Meersalz
1 Ei, 1 EL Butter, 5 EL Wasser
Salzwasser mit 1 TL Öl, 1 Spritzer Essig

Geschirr: Topf, kl. Becher, 1 Brettchen, Sieblöffel (S. 11)

So machst Du es richtig:

1. In einen Becher 10 EL Mehl geben, mit 5 EL Wasser verrühren, 1 Ei zufügen und mit einem Löffel abschlagen bis ein zäher Teig entsteht. Beiseite stellen.
2. Einen Topf mit 1 l Wasser, 1 TL Salz und 1 EL Öl zum Kochen bringen. Ein kleines Holzbrett mit Wasser befeuchten, den Teig dünn daraufstreichen, mit einem langen Messer ganz schmale Streifen in das kochende Wasser schneiden. Die Spätzle einmal aufkochen, dann mit Sieblöffel herausnehmen, in einem Sieb abtropfen lassen.
3. Den Topf ausleeren, 1 EL Butter und die Linsen mit Brühe hineingeben und erhitzen, die Spätzle zufügen. Nach Belieben mit 1 Spritzer Essig und etwas Flüssigwürze abschmecken.

Salate

Wenn Du „Salate“ liest, denkst Du bestimmt gleich an die grünen Sorten: Kopfsalat, Endivien-, Feldsalat bzw. Vogerlsalat, an Kresse oder Eis-Salat.

Alle diese Sorten müssen **gründlich gewaschen** werden – ohne ihren Wert zu verlieren, das ist sehr wichtig, daß Du das kannst.

Und das geht so:

In eine große Schüssel nicht zu kaltes Wasser geben. ½ TL Biosmon (aus dem Reformhaus) oder 1 TL Salz darin auflösen und dann erst den geputzten Salat hineingeben. Mit den Händen locker untertauchen, Du wirst sehen, was da alles weggeht!

Mit gespreizten Fingern locker herausnehmen, in einem Sieb oder in einer Salatschleuder gut trocknen. Dann in einer Plastiktüte in den Kühlschrank geben. Er wird dann ganz knusprig. Inzwischen das andere Essen vorbereiten.

Vor dem Auftragen den Salat mit einer beliebigen Sauce ab S. 59 vermischen. Gehackte Kräuter, Schnittlauchblüten oder Gänseblümchen oder Kapuzinerkresse-Blüten daraufstreuen! Lustig, gell?

Ein ganzer
Blumenkohl wäre für Dich alleine
zu viel, Du kannst aber einen ganzen
kaufen und zwei Gerichte daraus machen.
½ – ¾ davon nimmst Du für ein warmes Gericht,
vom Rest bereitest Du Dir einen

Blumenkohl-Salat (roh)

Du brauchst:

¼ – ½ Blumenkohl
3 EL süße **oder**
3 EL saure Sahne **oder**
3 EL Joghurt
1 EL gehackte Nüsse
1 TL Obstessig
1 TL Sojasauce, ½ TL Curry
1 EL Majonnaise nach Belieben

Geschirr: Rohkostreibe oder Gurkenhobel, kleine Schüssel.

So machst Du es richtig:

1. Vom Blumenkohl die grünen Blätter entfernen, dann in Salzwasser waschen.
2. Auf einer Reibe oder mit Gurkenhobel zerkleinern.
3. In einer Schüssel 3 EL Sahne oder Joghurt, 1 EL gehackte Nüsse, 1 TL Obstessig, 1 TL Sojasauce, ½ TL Curry und nach Belieben 1 EL Mayonnaise vermischen, Blumenkohl in der Sauce etwas durchziehen lassen.

Rettich- oder Radieschensalat

1. Rettich waschen, abbürsten, Radieschen nur waschen, auf Rohkostreibe raffeln, reiben oder hobeln.
2. 1 TL Obstessig, 3 EL Sahne und ½ TL Sojasauce untermischen. Mit Schnittlauchröllchen bestreuen. Wichtig: kein Salz verwenden, schwemmt die besten Stoffe aus!

Möhren, Karotten oder gelbe Rüben, wie Du auch dazu sagst, essen viele Kinder sehr gern. Wichtig: Karotten oder Rübchen immer mit Öl vermischen, da das wichtigste Vitamin in der Möhre nur fettlöslich ist.

Möhren-Apfel-Salat

Du brauchst:

1–2 Möhren
1 TL Öl
1 kleinen Apfel
Saft von ½ Orange
1 TL Tomatencetchup
1 EL süße Sahne

Geschirr: Rohkostreibe, Glas oder Porzellanschüssel.

So machst Du es richtig:

Möhren und den Apfel waschen, Möhren bürsten. Fein oder grob reiben, wie Du magst. Gleich mit ½ TL Öl vermengen, den Orangensaft zufügen, mit 1 TL Tomatencetchup und 1 EL süßer Sahne vermengen.

Gurken- oder Zucchini-Salat

Du brauchst:

ca. 10 cm Gurke **oder**
2 kleine Zucchini
4 EL saure Sahne
½ TL Sojasauce
1 TL Obstessig
1 TL Dill gehackt

Geschirr: Schüssel, Gurkenhobel oder Rohkostreibe.

So machst Du es richtig:

Gurke dünn schälen, hobeln oder Zucchini waschen und ungeschält hobeln oder raffeln, 4 EL saure Sahne, ½ TL Sojasauce und 1 TL Dill daruntermischen, gleich essen!

Tomaten-Salate sind sehr schnell bereitet. Die Tomaten werden warm gewaschen, mit Küchencrepp abgetrocknet. Den Stielansatz mit einem kleinem Messer vorsichtig herausschneiden, dann die Tomaten in ca. ½ cm dicke Scheiben schneiden. Dies ist die Vorbereitung für alle Tomaten-Salate.

Tomaten-Salat Nr. 1

Du brauchst:

2 Fleischtomaten
½ weiße oder lila Zwiebel
1 EL Öl, 1 TL Obstessig
Petersilie, Liebstöckel

1. Tomaten wie oben vorbereiten, auf einen Teller schichten,
2. Zwiebel schälen, kleinschneiden oder hacken, daraufgeben.
3. 1 TL Obstessig, 1 EL Öl, 1 TL Sojasauce in einer Tasse mixen, über die Tomaten verteilen, die feingehackten Kräuter darüberstreuen.

Tomaten-Salat mit Mozzarella Nr. 2

Tomaten-Salat wie im Rezept oben bereiten. Statt der Kräuter verteilst Du oben drauf: 50g Mozzarella Käse in Scheiben geschnitten und 6 Oliven und garnierst mit ca. 6 Basilikumblättern.

Tomaten-Salat mit Ei und Kressebrot

Eine kleine Mahlzeit im Sommer!

Tomaten-Salat Nr. 1 herstellen, 1 Ei 10 Min. kochen, in Scheibchen schneiden, im Wechsel mit den Tomaten einschichten. Sonst wie oben.

Ein dunkles Brot mit Butter oder dick mit Quark bestreichen, Kresse daraufstreuen.

Gemüse

Gemüse ist mein Leibgericht
drum bleib ich auch ein leichter Wicht!

Wichtig: Gemüse muß ganz frisch sein, möglichst ungespritzt und sehr gut gewaschen verwendet werden. Dazu einfach 1 TL Salz oder Biosmon aus dem Reformhaus in das nicht zu kalte Wasser geben. Viele Gemüsesorten kannst Du schnell in der Pfanne zubereiten.

Zuckermais

Du brauchst:

3–4 junge Zuckermaiskolben ca. 10–13 cm lang, ½ TL Salz, ca. 3 EL Butter.

Geschirr: Bratpfanne mit Deckel, Maissticker.

So machst Du es richtig:

Zuckermais braucht nämlich nicht vorher gekocht zu werden.

1. Die kleinen Kolben von den grünen Blättern befreien.
2. In der Bratpfanne 3 EL Butter erwärmen, sie muß den Boden gut bedecken. ½ TL Salz einstreuen. Die Kolben einlegen, rütteln, damit sie rundum von Butter umgeben sind. Erst 5 Min. zugedeckt bei mittlerer Hitze schmoren, dann offen 5 Min. braten. Mit Maissticker gleich essen.

Ein kleiner Abendschmaus oder als Beilage immer gut.

Du kannst auf jeden Fall einen ganzen Blumenkohl für Dich kaufen. Du kennst vielleicht schon den rohen Blumenkohl-Salat. Von dem anderen Teil machst Du Dir Blumenkohl auf verschiedene Arten, wie Du gerade aufgelegt bist. Wichtig: Gut waschen, dazu in Salzwasser legen. Zuerst die grünen Blätter entfernen und den Strunk etwas abschneiden. Dies ist für alle Rezepte gleich.

Blumenkohl

Du brauchst:

½ – ¾ Blumenkohl
¼ l Wasser
1 TL Salz
1 EL Zitronensaft mit etwas Wasser verdünnt

2 Eiweiß und
4 EL Reibekäse
oder:
2 EL Butter und
1 EL Brösel

Geschirr: feuerfesten Topf mit Siebeinsatz.

So machst Du es richtig:

1. Den Blumenkohl wie oben vorbereiten, aus dem Salzwasser nehmen. Abtropfen lassen.
2. In einem Topf mit Siebeinsatz Wasser einfüllen bis zum Sieb.
3. Blumenkohl einlegen, mit dem verdünnten Zitronensaft beträufeln. Zudecken. Bei mittlerer Hitze ca. 15 Min. dämpfen. Er soll noch einen kleinen „Biß" haben und nicht verkocht sein.
4. Jetzt **entweder** Backröhre auf 250° vorheizen. 2 Eiweiß mit ½ TL Zitronensaft steifschlagen, 4 EL Reibekäse unterheben. Blumenkohl in feuerfeste Form geben. Schneehaube darauf verteilen, im Backrohr auf der oberen Schiene 10 Min. überbacken, bis die Käsehaube leicht gebräunt ist. (Nicht zu dunkel sonst schmeckt der Käse bitter.)
   Oder: Blumenkohl wie im oberen Rezept dämpfen. In einem Pfännchen 2 EL Butter erhitzen, 1–2 EL Böseln darin bräunen und über den gekochten Blumenkohl geben.

Spinat verliert an warmer Luft und Sonne sehr rasch an Wert. Es ist daher sehr wichtig, daß Du ihn frisch bekommst. Die langen Stiele sollte man nach dem gründlichen Waschen entfernen. In das Waschwasser gibst Du am besten 1 EL Salz auf eine große Schüssel. Das Wasser müßte dann beim 2. Waschen sauber sein. **Gekochten Spinat nicht aufheben!**

Spinat mit Pinienkernen

Du brauchst:

250 g Spinat	¼ l Wasser
1 EL Öl	½ TL Meersalz
1 EL Pinienkerne	1 TL Zitronensaft

nach Belieben 3 EL Reibekäse.

Geschirr: Bratpfanne mit Deckel, Salatsieb

So machst Du es richtig:

1. Spinat gründlich in Salzwasser waschen (siehe oben). Lange Stiele entfernen.
2. ¼ l Wasser in der Pfanne fast zum Kochen bringen, ½ TL Meersalz und den Spinat einfüllen, umrühren, er fällt ganz schnell zusammen. Nach ein paar Minuten sind die Blätter weich. Den Spinat in ein Sieb geben, abtropfen lassen, mit einem Löffel etwas ausdrücken.
3. In die leere, aber noch warme Pfanne 1 EL Öl geben, den Spinat, die Pinienkerne hineingeben, umrühren bis richtig heiß, nach Belieben 3 EL Reibekäse darüberstreuen, gleich zudekken. Auf Mittelhitze stehen lassen bis der Käse geschmolzen ist.

Dazu schmecken Rösti (Seite 36), 1 Spiegelei (Seite 48) oder ein kleines Schnitzel oder Fisch. Vielleicht hast Du noch ein paar Pellkartoffeln und kannst Dir schnell nebenbei ein paar Bratkartoffeln machen.

Lauch ist sehr schnell bereitet. Du kannst ihn als Beilage in der Pfanne machen oder als selbständige Gemüsegericht zubereiten. Das Putzen und Waschen ist immer gleich. Die äußeren Blätter werden entfernt, Wurzeln, falls vorhanden abgeschnitten, ebenso die zu dunklen Blattenden. Den Lauch in dünne Rädchen schneiden, zum Waschen in lauwarmes Salzwasser legen, auf ein Sieb zu Abtropfen geben.

Lauch in der Pfanne

Du brauchst:

1 mittelstarke Lauchstange
ca. 1 Tasse Wasser
1 TL Sojasauce
1 EL Butter oder Öl

Geschirr: Pfanne mit Deckel 24–26 cm ∅, Holzspachtel.

So gehts am schnellsten:

1. Den Lauch wie oben vorbereiten und waschen.
2. In der Pfanne 1 Tasse Wasser erhitzen, wenn Bläschen aufsteigen Lauch einfüllen, zudecken. 5 Min. dünsten. Umrühren, probieren ob er weich ist.
3. 1 EL Butter oder 1 EL Öl unter den Lauch rühren und mit Sojasauce oder ein wenig Meersalz abschmecken.

Zur Abwechslung:

kannst Du die Butter (1–2 EL) in einem Pfännchen erhitzen, 1 EL Weizenkeime oder Nüsse einstreuen und auf den Lauch wie oben geben.

Oder:

„Lauch in der Pfanne bereiten."
Flüssigkeit ggf. abgießen, 3 EL Reibekäse, 1 Ei, 2 EL saure Sahne mit einer Gabel verklopfen, über den heißen Lauch in der Pfanne geben, zudecken und nochmals kurz auf dem Herd belassen, bis das Ei gestockt ist. Dunkles Brot dazu ist gut.

Wenn Du einmal
sehr wenig Zeit hast, zauberst
Du in ein paar Minuten etwas recht
Gutes.

Tomaten-Blitzgericht

Du brauchst:

1–2 Fleischtomaten
2 EL Öl
1 TL Oregano
5 EL Reibkäse
3 EL gehackte Kräuter
Basilikum und Petersilie

Geschirr: Bratpfanne mit Deckel, ca. 26 cm ∅, Bratenwender.

So machst Du es richtig:

1. Die Tomaten warm waschen, den Stielansatz herausschneiden mit gezacktem Messer 1 cm dicke Scheiben schneiden.
2. In der Bratpfanne 2 EL Öl erhitzen, die Tomatenscheiben einlegen, bei Mittelhitze nach 2 Min. wenden.
3. Mit Basilikum, Petersilie und 5 EL geriebenem Käse bestreuen. Sofort zudecken, bei Mittelhitze belassen bis der Käse geschmolzen ist.

Kleine Tortilla

Tomaten bis zu Nr. 3 wie oben bereiten. In einer Tasse 1 Ei mit 1 TL Wasser verklöppeln, über die Tomaten geben und stocken lassen. Mit Kräutern und Käse wie im obigen Rezept bestreuen. Kommt Dir das spanisch vor?

Diese Gemüse-
pfanne kannst Du Dir auch als kleines Abendgericht machen. Mittags paßt für großen Hunger 1 Spiegelei oder ein Stückchen Fleisch dazu. An sich ist die Pfanne ein selbständiges Gericht.

Nicos's Gemüsepfanne

Du brauchst:

1 faustgroße Kartoffel oder 2 mittelgroße,
1 große gelbe Rübe
1 Stange Bleichsellerie
2 EL Öl
1 Msp Meersalz
1 Msp Pfeffer
1 EL gemischte, gehackte Kräuter: Petersilie, Basilikum
Liebstöckel oder frischen Majoran.

Geschirr: 1 Bratpfanne mit Deckel (26 cm ∅)
Bratenwender (S. 10).

So machst Du es richtig:

1. Kartoffeln waschen, fest bürsten, stifteln (S. 9) mit Küchencrepp gut abtupfen.
2. Gelbe Rübe waschen, bürsten, 4 × der Länge nach ein – aber nicht durchschneiden, dann mit dem Gemüseschneider der Länge nach abhobeln. Das gibt dünne Späne. Ganz einfach!
3. Bleichsellerie waschen, den Stiel in ca. 1 cm dicke Scheiben schneiden.
4. In der Bratpfanne 2 EL Öl erhitzen, das vorbereitete Gemüse hineingeben, wenden, damit alles von Fett umgeben ist. Kleine Hitze einstellen, zudecken. Garzeit ca. 8 – 10 Min. Gelegentlich mit dem Bratenwender durchmischen.
5. Mit dem Meersalz, den gehackten Kräutern und 1 Msp Pfeffer würzen.

Kartoffeln

Pellkartoffeln

Du brauchst:

500 g Kartoffeln   Wasser für den Topf oder Dämpfer

Geschirr: Kartoffeldämpfer (s. oben) oder hohen Topf mit Siebeinsatz. (S. 11).

So machst Du es goldrichtig:

1. In den unteren Teil des Kartoffeldämpfers oder in den Topf mit Siebeinsatz so viel Wasser füllen, daß es gerade **bis zum** Sieb reicht.
2. Die Kartoffeln gründlich mit einer Bürste waschen, auf das Sieb legen, Topf gut zudecken!
3. Erst große Hitze einstellen, wenn das Wasser kocht, kleiner stellen, Wasser muß aber weiterkochen. Garzeit je nach Größe, Sorte und Alter ca. ¾ Std. – 1 Std. Mit einer Gabel probieren ob sie weich sind.
4. Schale von den Kartoffeln, die Du gerade essen willst, mit einem kleinen Messer abziehen, – die anderen ungeschält in den Kühlschrank geben.
   Bald wirst Du sagen:

Ich bin auf Pellkartoffeln
jetzt ganz versessen
und hab' die ollen Salzkartoffeln
schon ganz vergessen.

Gebratene Kartoffeln können immer anders aussehen. Du kannst sie entweder aus übriggebliebenen Pellkartoffeln herstellen oder rohe Kartoffeln braten. Die neuen ganz oder wenn sie schon ein bißchen älter sind, in Scheiben geschnitten. Alle Arten sind gut: Kartoffeln solltest Du immer im Vorrat haben, dann kannst Du Dir ganz schnell etwas Gutes auftischen.

Röstkartoffeln

Du brauchst:

3–4 Pellkartoffeln
2 EL Öl
1 Schalotte **oder**
½ eigroße Zwiebel
½ TL Meersalz

Nach Belieben:
1 TL Kümmel **oder**
1 TL Majoran **oder**
½ TL Paprika **oder**
1 EL Hartkäse-Würfel

Geschirr: Stielpfanne ca. 24 cm ∅, Bratenwender.

So machst Du es richtig:

1. Von den Pellkartoffeln die Schale abziehen, die Kartoffeln in Scheiben schneiden, die Schalotte oder Zwiebel in Ringe.
2. In der Stielpfanne 2 EL Öl erhitzen, Zwiebel hineingeben, die Kartoffeln darauf, leicht salzen. Bei Mittelhitze anbacken lassen, wenden, von der anderen Seite auch bräunen. Nach Belieben (s. oben rechts) würzen. Fertig!

Rohgebratene Kartoffeln

1. 3 mittlere Kartoffeln (200 g), waschen, gut bürsten, ungeschält in Scheiben schneiden, würfeln oder hobeln.
2. 2 EL Öl in der Bratpfanne erhitzen, Kartoffeln hineingeben, anbraten lassen, kurz zudecken, wenden und dann offen fertig knusprig braten. Am Schluß Salbeiblätter mitrösten.

Das ist einmal eine andere Art von Rösti. Dazu schmeckt Gurkensalat oder Apfelbrei sehr gut. Du kannst die Rösti auch als Beilage zu Fleisch oder Gemüse machen.

Rösti mit Karotten

Du brauchst:

1 faustgroße Kartoffel
1 TL Öl
1 schlanke 10 cm lange gelbe Rübe
1 Msp Meersalz,
1 Prise Pfeffer,
Öl zum Ausbacken

Geschirr: eine Stielpfanne, möglichst beschichtet, Rohkostreibe.

So machst Du es richtig:

1. Kartoffel und Rübe gut waschen und bürsten, mit der Schale grob raffen, mit ½ TL Öl, 1 Msp Salz und 1 Prise Pfeffer vermischen.
2. In der Stielpfanne bodenbedeckt Öl erhitzen, Topfhandschuhe anziehen, bei großer Hitzeeinstellung runde Küchlein mit einem Löffel einlegen, flachdrücken. Bei Mittelhitze gut anbacken, dann erst mit einer Backschaufel wenden, wenn die eine Seite schön goldgelb ist. Andere Seite auch backen bis sie knusprig ist.

Rösti aus gekochten Kartoffeln

Wenn Du von Pellkartoffeln übrig hast, kannst Du Dir auch Rösti machen. Die Pellkartoffeln werden vorher geschält, auch grob geraffelt, mit Muskat, Salz und 1 Prise Pfeffer gewürzt und wie die Rösti im oberen Rezept herausgebacken. Pellkartoffeln S. 35.

Diesen Auflauf kannst Du aus restlichen Pellkartoffeln oder aus neuen rohen Kartöffelchen bereiten. Am besten nimmst Du die Menge für 2 Personen – vielleicht ißt noch jemand mit. Das Backrohr für eine zu kleine Menge würde sich nicht lohnen und Du willst ja auch ein bißchen wirtschaftlich kochen. Während der Auflauf im Backrohr ist, kannst Du Dir für voraus schönen Salat bereiten.

Kartoffelauflauf

Du brauchst:

5 mittlere Pellkartoffeln **oder**
250 g kleine neue Kartoffeln
1 Tasse süße Sahne
oder Milch
6 EL Reibekäse (Gouda)
1 Msp Salz und Pfeffer
½ Knoblauchzehe
4 Frühlingszwiebel
1 EL Butter oder Öl

Geschirr: Auflaufform mit Deckel ca. 24 cm ∅

So machst Du es richtig:

1. Von Pellkartoffeln die Schalen abziehen in Scheiben schneiden, oder die neuen Kartöffelchen waschen und bürsten, mit der Schale hobeln. Backröhre auf 200° vorheizen.
2. Die Auflaufform mit Butter oder Öl einfetten. Eine Lage Kartoffeln einfüllen, 1 EL Frühlingszwiebel feingeschnitten und 2 EL Reibekäse daraufstreuen, wieder eine Lage Kartoffeln und Zwiebelchen und Käse bis alles verbraucht ist.
3. Sahne oder Milch, ½ TL Salz, 1 Msp Pfeffer und gepreßten Knoblauch vermischen, über das ganze gießen. Ein paar Butterflöcken obenauf! Erst zugedeckt 15 Min. im Backrohr (in der Mitte), dann offen ca. 20 Min. überbacken.

Teigwaren

Spaghetti

die Lieblingsnudeln der meisten Kinder wollen schwimmen und brauchen deshalb viel Wasser und viel Platz in einem großen Topf. Ich habe einen solchen abgewogen und gefunden, daß 6–8 Pfund einfach zu schwer für Dich sein könnten, noch dazu, wenn das kochend heiße Wasser mit den Spaghettis dann in ein Sieb gekippt werden soll. Laß Dir deshalb vorläufig noch von einem Erwachsenen die Teigwaren abkochen. Wenn sie **richtig** aufgewärmt werden, schmecken sie wie frisch!

So wärmst Du die Nudeln richtig auf:

In eine Bratpfanne mit Deckel gibst Du bodenbedeckt Wasser, bringst es zum Kochen, legst die vorgekochten Nudeln ein. Umrühren, zudecken, sofort fertig und wie frisch gekocht!

Es geht nun einmal nichts über hausgemachte Nudeln. Sicher wird es Dir auch Spaß machen, sie in feine Streifchen oder in breite Bandnudeln zu schneiden. Am besten ist es, wenn Du sie ca. 4 mm breit schneidest, dann passen sie für alle Rezepte. Nudeln kannst Du gut getrocknet in einem Glas aufbewahren, gib dann kein Salz in den Teig, sie halten dann besser.

Hausgemachte Nudeln

(Tagliatelli)

Du brauchst:

250 g Mehl, 2 Eier
2–3 EL lauwarmes Wasser

Geschirr: 1 Backbrett, 1 großes Messer, Nudelholz.

So machst Du es richtig:

1. Das Mehl auf ein Brett sieben, eine Grube eindrücken.
2. 2 Eier und 2 EL lauwarmes Wasser hineingeben und mit einer Gabel immer mehr Mehl einrühren. Dann mit den Händen kneten, bis der Teig schön glatt ist. Beim Durchschneiden muß er innen Wellen haben. 2–3 Laibe schön rund formen, mit Schüssel zudecken. ½ Std. ruhen lassen.
3. Backbrett bemehlen. Ein Laibchen nach dem anderen mit bemehltem Nudelholz 3 mm dick auswellen. Auf bemehltem Küchentuch antrocknen lassen.
4. Die Fladen halbieren, aufeinander legen, zusammenrollen und 4 mm feine oder 1 cm breite Bandnudeln abschneiden. Auflockern und trocknen lassen. Zu Milchnudeln kannst Du sie gleich verarbeiten.

Für die anderen Rezepte läßt Du sie Dir am besten vorkochen.

Eine feine Sache und schnell gemacht sind diese Gemüsenudeln aus Deiner Eigenproduktion. Was Du gerade an Gemüse vorrätig hast, kannst Du verwenden: gelbe Rüben, Lauch, Chinakohl, Weißkraut, Wirsing, Paprikaschoten, oder Spinat. Dieses Gericht ist auch gut als Abendessen geeignet. **Wichtig:** zu einem Nudelgericht solltest Du immer viel Salat oder Gemüse verzehren.

Gemüsenudeln

Du brauchst:

2 Tassen vorgekochte Nudeln,
2 Tassen feingeschnittenes frisches Gemüse
2 EL Butter,
½ TL Meersalz
je 1 EL Basilikum, Petersilie

Geschirr: Bratpfanne mit Deckel, Bratenwender, Rohkostreibe.

So machst Du es richtig:

1. In der Bratpfanne 1 cm hoch Wasser und ½ TL Salz zum Kochen bringen, das Gemüse (siehe oben) hineingeben, rasch umrühren. Hitze kleiner stellen, Pfanne zudecken. Nach 2–3 Min. probieren, ggf. ganz wenig Wasser nachgeben.
2. Wenn das Gemüse weich ist, die Nudeln zufügen und gut erhitzen, auflockern! 2 EL Butter unter die heißen Nudeln mischen und gleich, auf vorgewämtem Teller anrichten.

Nudeln mit Pilz- oder Tomaten-Sauce

Du brauchst jeweils:

2 Tassen vorgekochte Nudeln, etwas Salzwasser,
2 EL Butter, Käse nach Belieben.

Tomaten-Sauce oder Pilz-Sauce bereitest Du zuerst. Die Nudeln aufwärmen S.39. Die Sauce warmstellen! Rezepte S. 61.

Wenn Du einmal
Lust auf eine „Mehlspeise“ hast, machst Du Dir von Deinen selbstgemachten Nudeln dieses Rezept. Du kannst dazu Omis Apfelbrei von S. 64 essen. Voraus solltest Du die Frischkost, also Salat oder Rohkost nicht vergessen.

Milchnudeln

Du brauchst:

125 g Nudeln
3 EL Butter
6 EL süße Sahne
ca. ½ l Milch, 1 Msp Meersalz
1 TL echten Vanillezucker
1 TL Zimt nach Belieben

Geschirr: Milchtopf, weiten, flachen Topf mit Deckel, Backschaufel

So machst Du es richtig:

1. In dem weiten Topf 3 EL Butter erhitzen, die ungekochten Nudeln hineingeben, bei mittlerer Hitze unter Umrühren anbraten. Währenddessen ½ l Milch in einem Milchtopf zum Kochen bringen, über die Nudeln gießen, umrühren und zugedeckt bei kleiner Hitze 8 Min. leise kochen lassen. Probieren!
2. Den Deckel abnehmen, Sahne und Vanillezucker zufügen und die Flüssigkeit einziehen lassen bis sich leichte Krusten an den Nudeln bilden. Sehr lecker! Wenn Du für mehrere Personen kochst, kannst Du die 2- oder 3fache Menge in einer Bratreine (S. 10) im Backrohr herstellen.

So macht's Tante Anneliese.

Eine Pizza kannst Du auf viele Arten gestalten. Sicher hast Du einen Lieblingsbelag, der Dir besonders gut schmeckt. Wenn Du es nicht ganz schaffst, kannst Du den Rest eingefrieren.

Pizza á la Nicola

Du brauchst: für 1 große Pizza

200 g Mehl
½ Tasse lauwarmes Wasser
15 g frische Hefe
1 Msp Salz
60 g Butter
ca. 2 EL Öl
für den Belag: 3 Fleischtomaten, 100 g Reibekäse
50 g Champignons, nach Belieben Artischockenherzen (Dose).
1 EL schwarze Oliven oder gefüllte grüne, Oregano.

So machst Du es richtig:

1. In ½ Tasse Wasser (lauwarm) 15 g Hefe bröckeln und auflösen.
2. In eine Schüssel 200 g Mehl sieben, 1 Prise Salz zufügen. Die flüssige Hefe einrühren. Die Butter in Stückchen hineinschneiden. Alles kurz verkneten. Zudecken, stehen lassen.
3. Die Zutaten für den Belag richten: die Tomaten waschen, Stielansatz herausschneiden. Die Champignons mit feuchtem Küchencrepp säubern, Stiel etwas kürzen, blättrig schneiden. Von den Artischockenherzen ggf. die Brühe abgießen. Backröhre auf 250° vorheizen.
4. Eine 30 cm Springform oder ein Backblech mit 1 EL Öl einfetten, den Teig 3 mm dick ausrollen, den Rand ein wenig hochziehen. Mit Öl bepinseln, mit 6 EL Reibekäse bestreuen. Dann die vorbereiteten Zutaten schön darauf verteilen. Den restlichen Käse darüberstreuen und ein bißchen mit Öl besprenkeln.
5. Im vorgeheizten Backrohr ca. 15 Min. backen.

Voraus Salat nach Deiner Wahl!

Wenn zufällig
von der Grießnockerlsuppe
Nockerl übrig sind, hast Du im Nu eine
Mahlzeit. Aber auch, wenn Du sie frisch
machst, ist es diese kleine Mühe wert. Ich glaube
sicher, daß Dir das schmeckt!
Du kannst Dir auch ein anderes Gemüse dazu bereiten.

Grieß-Käse-Nocken mit Spinat

Du brauchst:

1 Rezept Grießnockerl von S. 19
4–5 EL Reibekäse (Gouda)
1 TL Sojasauce, 1 EL Öl
250 g Spinat
1 Msp Muskat
1 Msp Meersalz

Geschirr: Bratpfanne mit Deckel, Stielpfanne, ca. 26 cm ∅, Sieb.

So machst Du es richtig:

1. 250 g Spinat in Salzwasser waschen, auf einem Sieb abtropfen lassen. Die großen Stiele entfernen.
2. Inzwischen die Nockerl bereiten S. 19. Dann aus der Brühe nehmen, abtropfen lassen.
3. In einer Bratpfanne 1 EL Butter erhitzen, Nockerl einlegen, erhitzen und 4–5 EL Reibekäse darüberstreuen. Zudecken. Kleine Hitze einstellen. Nach kurzer Zeit ist der Käse geschmolzen.

Und nun

Spinat in der Pfanne

In einer Stielpfanne 1 EL Öl sehr heiß werden lassen, 1 Msp Salz einstreuen, den oben vorbereiteten Spinat hineingeben, nur kurz zudecken, dann umrühren, wenn sich Flüssigkeit gebildet hat abgießen. Mit Sojasauce und Muskat würzen. Schon ist er fertig! Spinat auf Teller geben, die Nocken darauf plazieren.

Ein Lieblingsschmaus von Susi-Maus.

Reis

kannst Du in so vielen Rezepten verwenden, daß Du am besten gleich ein bißchen mehr kochen solltest. 1 × kochen, 2 × essen! Reis hält sich im Kühlschrank ein paar Tage. Verwende Vollkornreis oder einen parboiled Reis mit Silberhäutchen, der noch seine ganzen Vitamine enthält. (z. B. Ideal Reis). Bitte keinen geschälten polierten Reis verwenden. Er hat die besten Stoffe verloren.

Grundrezept für Reis

Du brauchst für 2 Mahlzeiten:

1 Tasse Reis (s. oben)
1 l Gemüsebrühe (2 Würfel)
1 weiße Zwiebel
1 Lorbeerblatt
Geschirr: am besten feuerfesten Kochtopf, Siebeinsatz.

So machst Du es richtig:

1. Reis lauwarm waschen, in einem feinen Sieb abtropfen lassen! In einem Topf 1 l Wasser für die Brühe zum Kochen bringen, Zwiebel schälen, mit dem Lorbeerblatt hineingeben, 2 Gemüsebrühwürfel hineinbröckeln.
2. Reis zufügen, aufkochen, parboiled Reis 12 Min. Naturreis ca. 40 Min. zugedeckt weiterkochen lassen. Probieren! Den Reis in ein Metallsieb schütten (S. 11 Nr. 35). In den jetzt leeren Topf, etwas heißes Wasser einfüllen, das Sieb mit dem Reis hineinstellen, leicht zudecken, nicht ganz! – und bei kleiner Hitze quellen lassen. Jetzt hast Du Zeit, Dir in Ruhe Gemüse oder Fleisch zu bereiten. Diesem Reis kann nichts passieren. So gelingt er immer!

Curry-Krabbenreis

ist ganz einfach aus obigem Rezept herzustellen. In eine Pfanne 2 EL Butter oder Öl hineingeben, ½ TL Currypulver und ½ gepreßte Knoblauchzehe (nach Belieben) in der Butter verrühren. 1 EL gestiftelte Mandeln, ½ Tasse Erbschen, 1 Tasse Krabben, 1 EL kleine Weinbeeren und den Reis hineingeben. Locker umrühren – fertig. Mit einem schönen Salat voraus hast Du ein tolles Essen.

Diesen Apfelschmaus kannst Du auch mit Hirseflöckchen gemischt herstellen. Also ⅓ Hirseflöckchen, ⅔ Haferflocken. Hirse ist gut für die Knochen und für die Haut! Dieser Schmaus eignet sich auch für abends gut.

Haferflocken-Apfelschmaus

Du brauchst:

1 ½ Tassen kernige Haferflocken **oder**
1 Tasse Haferflocken und ½ Tasse Hirseflöckchen

½ Tasse warme Milch
1 Ei,
1 EL Sultaninen
2 EL Butter
2 mittlere Äpfel

3 EL geriebene Haselnüsse
geriebene Schale ½ Naturzitrone
1 TL Ahornsirup **oder** Honig

Geschirr: Stielpfanne, Schüssel, Backschaufel, evtl. Apfelausstecher.

So machst Du es richtig:

1. Haferflocken mit den Hirseflöckchen in eine kleine Schüssel geben, mit der Milch begießen und quellen lassen.
2. Inzwischen die Äpfel warm waschen, Stiel und Kernhaus entfernen. (Apfelausstecher) oder Äpfel vierteln. Mit der Schale in dünne Scheiben schneiden oder hobeln.
3. Äpfel, Haselnüsse, Ei, Sultaninen und Zitronenschale zu den Haferflocken geben, vermischen.
4. In einer mittleren Stielpfanne Butter erhitzen, wenn sie nicht mehr schäumt, die Masse einfüllen, anbräunen, mit Backschaufel wenden, anbacken lassen und dann zerstoßen.
5. Nach Belieben mit etwas Ahornsirup, Honig oder einem Hauch Zucker und Zimt bestreuen.

Vor der Zubereitung von **Eierspeisen** solltest Du wissen: Die besten Eier sind von freilaufenden Hühnern, die nicht im Stall eingesperrt sind! Ein frisches Ei erkennt man daran: in einem Gefäß mit Wasser bleibt ein frisches Ei am Boden liegen. Wenn es aufrecht steht, ist es schon über 1 Woche alt und wenn es schwimmt ist es nicht mehr zu verwenden.

Gekochte Eier

Eier aus dem Kühlschrank erst im warmen Wasser aufwärmen, dann platzen sie nicht so leicht. Nicht zu viele Eier essen!

So machst Du es richtig:

Ein Töpfchen mit Wasser füllen, nicht ganz voll machen, das Ei muß ja auch noch Platz haben! Wenn das Wasser blubbert und sprudelt – das Ei mit einem Eßlöffel einlegen. Es muß ganz mit Wasser bedeckt sein! Ein Ei von Güteklasse A ist in

4 Min. weich
6 Min. wachsweich
10 Min. hart.

Ein kleineres Ei braucht ½ Min. weniger Zeit. Verwende einen Küchenwecker oder eine Eieruhr. Nach dem Kochen das Ei kurz kalt abbrausen, damit es nicht nachgart. Das wär's auch schon!

frisch gerade noch alt

Bevor Du Eier verwendest prüfe sie auf Frische! Entweder in Wasser legen, wie bei den gekochten Eiern beschrieben oder Du schlägst für diesen Verwendungszweck das Ei vorher in eine Tasse auf. Ist der Dotter rund und gewölbt ist das Ei frisch. Zerlaufene Eier sind für folgende Rezepte nicht mehr geeignet.

Rührei

Du brauchst:

1 frisches Ei
1 TL Wasser
1 Prise Meersalz
1 TL Butter nach Belieben
1 TL Schnittlauch oder
1 EL Reibekäse nach Belieben.

So machst Du es richtig:

1. Das Ei in eine Tasse aufschlagen, Salz und Wasser zugeben, mit einer Gabel locker verschlagen.
2. In einem kleinen Pfännchen (16 cm ∅) 1 TL Butter aufschäumen lassen, das Ei hineingeben, mit einem Eßlöffel von außen nach innen rühren und schon ist es fertig! Von der Kochstelle nehmen, es gart nämlich im Pfännchen noch nach und ein hartes Rührei ist mampfe pampfe.
3. Nach Belieben das Ei mit Schnittlauchröllchen oder geriebenem Käse bestreuen. Du kannst auch unter das rohe Ei 1 EL Krabben mischen, dann hast Du ein Krabbenrührei.

Spiegelei

1. 1 EL Butter in einem Pfännchen, 16 cm ∅ erhitzen.
2. 1 Ei erst in eine Tasse aufschlagen, hineingleiten lassen.
3. Eiweiß mit ein paar Tropfen Wasser besprenkeln, dann brennt es nicht an! Eiweiß mit der Gabel ein wenig einstupsen, so wird es schneller gar. Salz nur auf das Eiweiß streuen.

Fleisch

Ein Schnitzel willst Du kleiner Wicht,
ich seh's an Deinem Angesicht.
Ein bißchen Fleisch vom Lamm, Kalb oder Rind
kommt in die Pfanne ganz geschwind.
Gib viel Gemüse mit hinein,
dann wird es ganz besonders lecker sein!

Merke: Das Fleisch sollte die Beilage sein – nicht umgekehrt!
Wenig Fleisch – viel Frischkost – viel Gemüse!

Naturschnitzel

Du brauchst:

1 Kalbschnitzel
1 EL Butter u. 1 EL Öl
1 Msp Salz + Pfeffer
1 Fleischtomate, Basilikum
Petersilie

Geschirr: Stielpfanne 24 cm ∅, Bratenwender, Tomatenmesser

So machst Du es richtig:

1. Schnitzel mit der Hand leicht klopfen.
2. In der Pfanne Butter und Öl erhitzen, das Schnitzel einlegen, bei guter Hitze 3 Min. braten, wenden. Nach Belieben 1 cm dicke Tomatenscheiben mit einlegen. Diese nach 2 Minuten wenden. Das Schnitzel 3 Min. braten. Jetzt erst wenig salzen und pfeffern, auf die Tomaten Petersilie und Basilikum feingehackt, streuen.

Broccoli ist der
grüne Bruder vom Blumenkohl.
Er paßt gut zu Lammfleisch.

Broccoli-Lamm-Pfanne

Du brauchst:

1 Broccoli-Staude,
die „Blume" muß mindestens faustgroß sein
1 Lammschnitzel 100 – 125 g
1 Knoblauchzehe
1 Zweiglein Rosmarin
1 EL Butter oder Öl
1 Msp Meersalz
1 TL Sojasauce
Schale von ½ Naturzitrone

Geschirr: Bratpfanne mit Deckel, 24 cm ∅, Holzspachtel.

So machst Du es richtig:

1. Den Broccoli zuerst im warmen Salzwasser waschen, abtropfen lassen. Die dicken Stengel schälen, in feine Streifchen schneiden. Die „Blume" in einzelne Röschen teilen. Beiseite legen.
2. Das Lammschnitzel kannst Du Dir vom Metzger schnetzeln lassen oder selbst in Streifchen schneiden.
3. 1 EL Butter oder Öl und 1 Msp Meersalz in einer Bratpfanne erhitzen. 1 Zweiglein Rosmarin, 1 Zehe Knoblauch hineingeben. Nach kurzem Anbraten entfernen.
4. Das geschnetzelte Fleisch jetzt in der Pfanne bei großer Hitze mit den Broccolistielen mit Holzspachtel rasch wenden. Zudekken, 2 Min. dünsten bei kleinerer Hitze. Die Röschen beigeben, zudecken und nochmals 2 Min. dünsten. Sie sollen weich sein aber nicht zerfallen.
5. Mit 1 TL Sojasauce und der geriebenen Zitronenschale gut abschmecken. Lecker!

Bei diesem Rezept bereitest Du die Beilage am besten gleich voraus, denn das Fleisch ist sehr schnell fertig. Das Rezept für Reis findest Du auf S. 45. Wenn Du zufällig schon gekochten Reis hast, wärmst Du ihn in einem Sieb über kochendem Wasser auf, den Topf nicht ganz zudecken. Dieses Schnitzel ist ein Festtagsschmaus.

Curry-Schnitzel mit Reis

Du brauchst:

1 Schnitzel vom Lamm oder Kalb
1 EL Zitronen- oder Orangensaft, 1 EL Mehl
1 TL Currypulver, 1 EL Butter, 1 TL Öl, 1 kleine Banane
3 EL süße und 3 EL saure Sahne, 1 TL Sojasauce
1 EL gestiftelte geröstete Mandeln.

Geschirr: 1 Stielpfanne 24 cm ∅, kleines Pfännchen.

So machst Du es richtig:

1. Eine Faust machen, mit den Handknöcheln das Fleisch ein wenig klopfen, mit dem Zitronen- oder Orangensaft beträufeln.
2. 1 EL Mehl und 1 TL Currypulver in einem Teller mischen, das Schnitzel darin wenden und die Mehlmischung gut andrücken.
3. 1 EL Butter und 1 TL Öl in der Stielpfanne erhitzen, 1 Prise Salz einstreuen, das Schnitzel einlegen, 3 Min. auf jeder Seite braten.
4. 1 Banane schälen, in Scheibchen schneiden, diese neben das Fleisch in die Pfanne legen, nach 1 Min. wenden, auf das Schnitzel geben. 1 EL Mandelstifte daraufstreuen. Eßteller warmstellen.
5. 3 EL süße, 3 EL saure Sahne und 1 TL Sojasauce verrühren und diese Mischung neben das Schnitzel in die Pfanne gießen, erhitzen, nicht kochen.
6. Den warmen Reis auf den vorgewärmten Teller geben, das Schnitzel daneben legen und die Sauce angießen.

Bei dieser
Chinapfanne kannst Du das Gemüse auswechseln. Jedes Pfannengemüse ist geeignet. Wenn Du keine Glasnudeln erhältst, nimmst Du 1 kl. Tasse von Deinen vorgekochten eigenen.

SUSU's Chinapfanne

Du brauchst:

100 g Rinderhack
ca. 25 g Glasnudeln (Fense)
¼ kl. Weißkohl oder Chinakohl
1 Tasse Sojasprossen
1 EL Sojasauce
¼ TL Dajong (Chinagewürz)
¼ l Gemüsebrühe
1 EL Erdnüsse
2 EL Öl, 1 TL Butter

Geschirr: 1 Bratpfanne mit Deckel, kl. Topf, Backschaufel.

So machst Du es richtig:

1. Die Glasnudeln 10 Min. warm einweichen.
2. Den Kohl im Salzwasser waschen, Strunk herausschneiden. Kohl hobeln oder fein schneiden.
3. In einer Bratpfanne 2 EL Öl sehr hoch erhitzen, das Kraut hineingeben, mit Bratenwender umdrehen, kurz zudecken, wenn es glasig wird – auf die Seite der Pfanne schieben. Auf der leeren Seite 1 TL Butter zerlassen, das Rinderhack locker einfüllen, mit Dajong würzen, rasch abbacken bis es nicht mehr rosa ist, dann Glasnudeln, Sojasprossen und Erdnüsse einfüllen, mit dem Kraut vermischen, gut erhitzen. Mit Sojasauce und Dajong, wenn Du hast – noch mit Sambal Oelek würzen, das schmeckt!

Wichtig:
Hackfleisch darf nur 1 Tag im Kühlschrank liegen. Gebraten kannst Du Buletten 2 Tage aufbewahren. Schmecken auch kalt gut.
Also: 1 × kochen + 2 × essen

Buletten – Fleischpflanzerl

Du brauchst:

150 g Rinderhack ev. mit Kalb gemischt
1 Vollkorn-Brötchen
1 mittlere Zwiebel
1 Ei
1 TL Majoran
1 EL Petersilie gehackt
geriebene Schale von ½ Naturzitrone
1 Msp Pfeffer
1 Msp Meersalz
2 EL Öl

Geschirr: Stielpfanne ca. 24 cm ∅, Bratenwender.

So machst Du es richtig:

1. Das Vollkornbrötchen in einer Tasse mit warmem Wasser übergießen.
2. 150 g Hackfleisch in eine kl. Schüssel geben, die Zwiebel schälen, kleingehackt mit dem Ei zufügen. Das ausgedrückte Brötchen zerpflücken, mit einer Gabel untermischen. Mit Salz, Pfeffer, Zitronenschale, Majoran und gehackter Petersilie würzen. 3 Kugeln formen, plattdrücken.
3. Das Fett in einer Stielpfanne erhitzen. Die Buletten einlegen, von jeder Seite 5 Min. braten.

Hackfleisch-Bällchen

Vom selben Teig kleine, walnußgroße Bällchen formen, in Gemüsebrühe 5 Min. leise köcheln lassen. In der Suppe mit Nudel- oder Reis-Einlage verzehren, oder in Tomaten-Sauce, Seite 61.

Du kannst die Beilage Reis als erstes bereiten. Bestücke die Spießchen auch einmal anders, mit Rind- oder Kalbfleisch, mit Auberginen-Stückchen oder dicken Lauchscheiben, zerteiltem kleinen Zuckermais etc.

Spießchen in der Pfanne

Du brauchst:

150 g Lammfleisch
1 Paprikaschote
3 flache Schalotten
1 kleine Zucchini
50 g Champignons
3 EL Öl, 1 TL Curry
1 Knoblauchzehe
1 Msp Salz und Pfeffer

Geschirr: Bratpfanne, 1–2 Schaschlikspieße

So machst Du es richtig:

1. Öl in einen Teller geben, Knoblauch hineinpressen, Curry, Salz und Pfeffer zufügen.
2. Fleisch in Würfel schneiden, Schalotten schälen, Paprikaschote waschen, entkernen, in mundgerechte Stücke schneiden, Champignons putzen, Zucchini in 3 cm Stücke schneiden.
3. Die vorbereiteten Zutaten auf 1–2 Spieße abwechselnd aufreihen. Spieße in das Öl legen, wenden. Ziehenlassen.
4. Das Öl vom Teller in die Pfanne laufen lassen, wenn es sehr heiß ist, die Spieße einlegen, gut anbraten von allen Seiten. Garzeit hängt von der Größe der Zutaten ab. 10–15 Min.

Einmal wöchentlich ganz frisch
koch ich einen guten Fisch.
Er hat Eiweiß und auch Jod,
so macht mein Hals mir keine Not.

Goldiger Fisch

dazu schmeckt Spinat von S. 31 bis Punkt 3.

Du brauchst:

1 Gold- oder Rotbarschfilet	1 TL Salz, 1 TL Grieß
ca. 2 EL Öl, 1 Ei	½ Zitrone, 3 EL Mehl

Geschirr: Stielpfanne, Bratenwender.

So machst Du es richtig:

1. Fischfilet mit kaltem Wasser gut abwaschen. Mit Küchencrepp abtupfen und mit dem Zitronensaft beträufeln. Zudecken, durchziehen lassen. Jetzt Spinat herstellen.
2. In einem Teller 1 Ei mit einer Gabel verklöppeln. Auf einem anderen Teller 3 EL Mehl mit 1 TL Salz und 1 TL Grieß vermischen. Fisch in der Mehlmischung wenden.
3. In der Pfanne gut bodenbedeckt Öl einfüllen, erhitzen, den Fisch im Ei wenden, einlegen und bei mittlerer Hitze 5 Min. von jeder Seite goldgelb backen. Ganze Petersilie einlegen und mit herausbacken. Fein! Mit Zitrone auftragen.

Wenn Du einmal einen ganzen Fisch, z. B. eine kleine Forelle blau kochen möchtest, nimmst Du die doppelte Menge von dem unten angegebenen Sud.

Schellfisch blau

Du brauchst:

1 dicke Scheibe vom Schellfisch, ½ Zitrone, 2 EL Butter

zum Sud: ¼ l Wasser
1 TL Salz
3 TL Obstessig
1 EL Fischgewürz
1 Zitronenscheibe
1 Gemüsebrühwürfel
1 Stück Lauch 4 cm
½ Möhre
1 kl. Zwiebel

Geschirr: feuerfesten Glastopf, Rohkostreibe

So machst Du es richtig:

1. Schellfisch kalt waschen, abtupfen, mit dem Saft von ½ Zitrone beträufeln und durchziehen lassen. Inzwischen Sud herstellen. Beilage bereiten. (Kartoffeln oder Gemüse).
2. In einem feuerfesten Glastopf ¼ l Wasser, mit 1 EL Fischgewürz, Zitronenscheibe, Gemüsebrühwürfel, dem gewaschenen Lauch in Rädchen, der geputzten Möhre in Scheibchen geschnitten und den Zwiebelringen, zum Kochen bringen. Nach 10 Min. Salz und 3 EL Obstessig hineingeben.
3. Den Fisch in die kochende Brühe legen, zudecken, von der Kochstelle nehmen, 10 Min. ziehen lassen.
4. In einem Pfännchen Butter zerlassen, zum Fisch servieren. 1 Zitronenspalte nicht vergessen!

Vielleicht hast Du
vom Schellfisch mehr gekocht,
dann kannst Du einen Fischsalat
machen.

Fischsalat

Du brauchst:

1 Tasse gekochten Fisch v. S. 56
½ Zwiebel
½ TL Kapern
½ Apfel
1 TL Obstessig
2 EL Süße Sahne
1 Msp Curry
1 Prise Pfeffer

So machst Du es richtig:

1. Den Fisch mit einer Gabel zerteilen, eventuell Gräten entfernen. ½ Apfel waschen, stifteln, zum Fisch geben, mit Obstessig beträufeln.
2. 2 EL süße Sahne mit 1 Msp Curry, 1 Prise Pfeffer und ½ TL Kapern vermischen, und locker unter den Fisch heben.

Rosa Fischsalat f. 2 Pers.

Du brauchst:

2 Tassen vorgekochten Fisch
1 Tomatenpaprika, 1 Rezept Rosarote-Sauce S. 60

So machst Du es richtig:

1. Fisch eventuell entgräten. Tomatenpaprikaschote waschen, entkernen, von der weichen Seite her in Streifchen schneiden, zum Fisch geben.
2. Salat-Sauce S. 60 herstellen, locker untermischen. Vollkornbrötchen dazu.

Bei diesem
Folienschmaus rentiert es sich,
daß Du die Backröhre aufheizt. Fisch,
Kartoffel, Gemüse und ein Dessert! Die Reihenfolge bitte einhalten.

Forelle in der Folie

Du brauchst:
1 kl. Forelle
½ Zitrone, 1 EL Öl
1 große Kartoffel
1–2 kl. Zucchini
Alufolie und Butter

für den Forellenbauch:
½ TL Rauchsalz
Dill und Petersilie ganz
½ Lorbeerblatt
1 Zitronenscheibe
1 EL Butter

1. Die Forelle vor allem innen gründlich waschen mit Küchenkrepp trockentupfen. Mit Zitronensaft beträufeln und einsalzen mit Rauchsalz, alle übrigen Zutaten für den Bauch (s. oben) einfüllen. Durchziehen lassen. Backröhre auf 225° vorheizen.
2. 1 große Kartoffel waschen, bürsten, mit Apfelausstecher einen kl. Kamin durchstechen (dann wird sie schneller durch.) Ein genügend großes Stück Alufolie mit der Glanzseite nach innen ausbreiten, feuchte Kartoffel einlegen. Gut verschließen, im Herd 20 Min. backen, dann die Forelle beilegen.
3. Alufolie ausbreiten. Länger als der Fisch und 3× so breit. Mitte mit Butter einfetten. Forelle daraufgeben. Nach Vorschrift verschließen. (Folienverpackg.). In's Backrohr damit.
4. Zucchini waschen, in Scheibchen schneiden, mit Salz und gehacktem Basilikum bestreuen, mit 1 TL Öl beträufeln. Einwickeln und in das Backrohr geben.
5. Folienbanane von S. 66 einlegen. So wird alles richtig zu seiner Zeit fertig. Die Kartoffel braucht ca. 40 Min. die Forelle 25 Min. Zucchini 20 Min. Banane 10 Min.

Saucen

Nico's Lieblingssauce.

Diese Salatsauce paßt für Endivien, Eisberg, Frisée und Radicchio.

Du brauchst für einen großen Salatteller für Dich:

½ TL Kräutersenf
2 EL dicke Sahne
1 TL Obstessig
1 TL Öl
1 Spritzer Sojasauce oder andere Pflanzenwürze

So machst Du es richtig:

Kräutersenf mit 1 TL Obstessig in einer Tasse mit einer Gabel verrühren, 2 EL dicke Sahne, 1 TL Öl zufügen und verschlagen. Würzen. Gleich über den Salat geben und zuletzt Kräuter obendrauf streuen.

Am besten
bereitest Du von Salatsaucen
gleich ein großes Schraubglas voll vor,
dann brauchst Du nicht täglich so viele
Flaschen öffnen und mixen. Du kannst auch 2 verschiedene Saucen in den Kühlschrank stellen, sie halten
bis zu einer Woche frisch.

Leichte Salat-Sauce

Du brauchst:

1 TL Kräutersenf
4 EL Obstessig
4 EL warmes Wasser
2 EL Sojasauce
1 Tasse Öl

So machst Du es richtig:

Alle Zutaten in ein Schraubglas füllen, fest verschließen, schütteln wie ein Barmixer! Für 1 großen Salatteller 1–2 EL entnehmen.

Rosarote-Sauce

besonders gut über geraffelte Möhren, Tomatenscheiben, Krabben, gekochtem Fisch oder über ein hartgekochtes Ei.

Du brauchst:

1 EL Tomatenketchup, 1 EL Delikateßmayonnaise
und Saft von 1 Orange. ½ Tasse süße Sahne.

So machst Du es richtig:

Alles vermischen. ½ Tasse süße Sahne schlagen und unterheben.
Sehr fein!

Für Deine
Nudelgerichte habe ich Dir
2 Saucen ausgesucht, die ganz prima
schmecken? Aus dem Rest der Tomatensauce
kannst Du Dir am anderen Tag eine Suppe
machen. Einfach Gemüsebrühe und Sahne aufgießen.

Tomaten-Sauce (ital. Rezept)

Laß Dir ausnahmsweise eine Dose öffnen, sonst müßtest Du die Tomaten brühen, das wäre zu viel Arbeit für Dich. Du brauchst:

1 Dose längliche Tomaten (400 g)
1 EL Tomatenmark
1 weiße Zwiebel
1–2 Knoblauchzehen
1 kleine Möhre
50–100 g Hackfleisch (Rind, Lamm)
1 TL Oregano, Basilikum
1 Msp Pfeffer/2 EL Öl

1. Zwiebel und Knoblauch schälen, hacken, 1 kl. Möhre putzen.
2. In einem flachen Topf 2EL Öl erhitzen, Zwiebel einfüllen, Möhre hineinraffeln, Hackfleisch zugeben, umrühren, Tomaten mit Saft hineinschütten, mit Tomatenmark, Oregano und Pfeffer würzen. 15–30 Min. auf **kleiner** Hitze offen „köcheln" lassen. Öfter mal umrühren. Lang köcheln ist wichtig!

Pilz-Sauce

Du brauchst für 1 Person:

2 EL Trockenpilze
¼ l lauwarmes Wasser
1 EL Butter, 1 Zwiebel
7 EL süße und
7 EL saure Sahne
1 TL Sojasauce

Pilze im Wasser 1 Std. einweichen. 1 Zwiebel schälen, hacken.

In einer Pfanne mit Deckel 1 EL Butter erhitzen, Zwiebel darin glasig dünsten, Pilze ausdrücken, zufügen. Einweichwasser durch feines Sieb angießen. Bei kleiner Hitze 10 Min. köcheln. Die Sahne nach und nach angießen. Mit Sojasauce würzen!

Bevor die neuen Kapitel beginnen, möchte ich Dir diese Seite ans Herz legen. Du solltest sie nicht schnell in der Küche lesen, sondern in Ruhe studieren. Sicher geht Dir dann ein Licht auf!

Nico rät Dir: Sei gescheit, Süßes bleibt 'ne Seltenheit.
Du findest hier doch allerlei,
was von Chemie und Zucker frei.

Was Du wissen solltest:

1. Außer frischen, reifen, ungekochten Früchten gibt es leider keine gesunden Süßigkeiten. Decke deshalb Dein Verlangen nach Süßem mit süßen Früchten.
2. Da selbst im Honig nach dem Erhitzen über 40 Grad, wie zum Beispiel beim Backen und Kochen, die wertvollsten Inhaltsstoffe (Enzyme) verloren gehen, ist er auch kein „gesunder" Backersatz für Zucker. Honig nur verdünnt verwenden. Nach dem Genuß unbedingt die Zähne putzen, da Honig besonders stark am Zahnschmelz klebt.
3. Nach den neuesten Erkenntnissen ist es aber nicht die Mundpflege allein, die einen Schutz vor Karies bietet, sondern auch eine vollwertige Ernährung (mit Vollkorn, Milchprodukten, Frischkost), die Deine Vitamin B_1-Reserven nicht verbraucht. Zucker benötigt zum Abbau in Deinem Körper Vitamin B_1. Dieser „Vitamin-Raub" erhöht sich noch ganz beträchtlich in der Verbindung „Zucker – Weißmehl". **Zu hoher** Zuckerverbrauch schädigt daher die Zähne auch über den Stoffwechsel, ganz abgesehen von den anderen Krankheiten, die durch diesen „herbeigeholten" Vitaminmangel auftreten.
4. Die Lösung des Zuckerproblems liegt also nicht darin – Zucker einfach durch Honig zu ersetzen, sondern den Geschmack für zu „süß" allmählich zu bremsen. Dies ist mit den angebotenen Rezepten kein Problem.
5. Je mehr Zucker Du zu Dir nimmst, je mehr Verlangen nach Zucker hast Du. Ein schreckliches Karussell!

Feine Eiscreme

Dies ist Nico's Hausmarke. Wenn Du diese Eiscreme in Reserve haben möchtest, vielleicht für eine Party, kannst Du sie im Tiefkühlfach im geschlossenen Behälter aufbewahren. Du kannst Sie aber auch erst herstellen, wenn der Besuch schon da ist, so schnell ist sie fertig

Du brauchst:

1 Becher (200 g) Schlagsahne, ¼ Banane zum Süßen
200 g Tiefkühl-Himbeeren, Heidelbeeren oder Erdbeeren.

Und unbedingt einen Elektro Mixstab und einen Elektro Quirl.

So machst Du es richtig:

1. Die sehr gut gekühlte Sahne in einem hohen Becher mit dem **Elektro Quirl** oder einem Schneebesen schlagen, bis weiche Spitzen stehen bleiben, wenn Du die Schläger herausziehst.
2. Die Banane in grobe Stücke schneiden, mit den gefrorenen, **unaufgetauten** Himbeeren in die geschlagene Sahne geben. Jetzt mit dem **Mix-Stab** vermusen, Du kannst zusehen, wie alles zu Eiscreme wird. Jetzt s o o o o o o o f o r t servieren!

Da dieser Apfelbrei einige Tage im Kühlschrank hält ohne an Güte zu verlieren, kannst Du auch mehr machen, als hier angegeben. Es wird bei Dir sicher jemand mit Freude mitessen.

Omi's Apfelbrei

Du brauchst:

500–1000 g kleine, mürbe Äpfel, ½ Naturzitrone, nach Belieben 5 cm Zimtstange und einige Rosinen.

Geschirr: am besten feuerfesten Topf mit Glasdeckel.

So machst Du es richtig:

1. Die Äpfel warm waschen, mit Küchencrepp abreiben. Stiel und Blüte entfernen. Erst halbieren, dann in Viertel schneiden.

2. Die Apfelstücke (mit Kernhaus) in den Topf geben, die Zitrone in Scheiben geschnitten und die Zimtstange zufügen. Soviel Wasser zugeben, daß die Hälfte der Äpfel davon bedeckt ist. Den Topf zudecken. Bei mittlerer Hitze weichkochen. Einmal umrühren.

3. Passiersieb auf eine Schüssel stellen. Zitrone und Zimtstange herausnehmen, die Apfelstücke durchpassieren.
   Dieser Apfelbrei braucht keinen Zucker, solltest Du sehr saure Äpfel haben, kannst Du ein paar Rosinen untermischen.

Du wirst Augen
machen, wie diese Apfelringe
„auflaufen". Schale muß unbedingt
dranbleiben!

Florentiner Apfelringe

Du brauchst:

1 großen mürben Apfel
1 EL Butter
3 EL gestiftelte Mandeln
1 TL Ahornsirup **oder** Honig
1 EL Sultaninen
Saft von 1 Orange

Geschirr: feuerfeste Form ca. 20 cm ∅, Apfelausstecher.

So machst Du es richtig:

1. Den Apfel im warmen Wasser waschen und abtrocknen. Kernhaus, Stiel und Blüte mit Apfelausstecher entfernen. Den Apfel quer in fingerdicke Ringe schneiden. Nicht schälen!

2. Eine flache feuerfeste Form mit 1 EL Butter dick einstreichen, die Apfelscheiben hineinplazieren. Orangensaft angießen.

3. Den Backofen auf 200° vorheizen. Rost auf Mitte einschieben.

4. 3 EL gestiftelte Mandeln, 1 EL Sultaninen und den Sirup auf die Ringe verteilen. Jetzt in die Backröhre damit! Die Apfelringe sollen weich aber nicht zerfallen sein. Je nach Apfelsorte 10–15 Min. Backzeit. Einfach herzustellen, köstlich und gesund.

Hier hast Du
2 Desserts die sehr schnell
zubereitet sind. Die benötigten
Früchte sind das ganze Jahr über erhältlich.

Banane in der Folie

Du brauchst:

1 kl. Banane
Saft von ½ Orange
1 TL Butter
1 EL Mandelstifte
1 TL Rosinen
Alufolie

So machst Du es richtig:

1. Orangensaft in einen Teller geben.
2. Banane der Länge nach halbieren, mit Gabel einstechen und im Saft wenden. Schnittstelle mit Rosinen und Mandelstiften belegen. 2. Bananenhälfte daraufgeben. Backrohr auf 225° vorheizen.
3. Folie mit Glanzseite nach innen ausbreiten, mit Butter bestreichen, Banane einwickeln. Ca. 10 Min. **im** Herd oder in einer Bratpfanne mit Deckel **auf** dem Herd braten.

Schnelles Orangendessert

1 kernlose Orange ganz sauber schälen, vierteln mit **1 TL Honig** in einem Becher mit Mixstab vermusen, **1 Banane** in 4 mm Scheibchen schneiden, dann mit dem Orangenmus vermischen und **1 EL Kokosflocken** anstreuen.

Es muß nicht immer Zuckerteig sein!

Windbeutel

⅛ l Wasser, 1 Prise Salz
125 g Mehl
75 g Butter
4 Eier, 1 EL echten Vanillezucker
⅜ l süße Sahne
Butter und Mehl für das Blech

Geschirr: Topf 20 cm, Quirl, Holzkochlöffel, hohen Becher

Nicht vergessen: Eier vorher immer in eine Tasse aufschlagen!

1. Backblech (S. 10) gut einbuttern und leicht bemehlen, schütteln, damit es gleichmäßig verteilt ist. Backherd auf 225° vorheizen.
2. ⅛ l Wasser, Butter und Salz in einem Topf zum Kochen bringen, das Mehl auf einmal hineingeben, bei kleiner Hitze fest rühren, bis es einen Kloß gibt, der sich vom Topf löst. 1 Ei an die heiße Masse, rühren bis sie glatt ist. Wenn lauwarm, die anderen 3 Eier nacheinander unterrühren.
3. Vom Teig mit 2 Teelöffeln kleine Häufchen auf das Blech setzen. 25–30 Min. auf der 2. Rille von oben backen (225°). Backofentüre nicht öffnen, sonst fallen die Windbeutel zusammen.
4. Heiß mit der Schere aufschneiden. Sahne schlagen, Vanillezucker zufügen, die Windbeutel damit füllen. Hm! Gleich servieren! Unter die Sahne können auch Fruchtstücke.

Diesen Teig
sollest Du immer in Vorrat haben.
Du kannst ihn auch einfrieren: 5 mm dick auswellen, Rechtecke schneiden, mit Butterbrotpapier zwischen den einzelnen Lagen im Plastikbeutel einfrieren. Bei Bedarf kurz auftauen.

Quarkblätterteig

Grundrezept:

Wichtig: Den Quark möglichst trocken verwenden!

Gib den Quark auf ein reines Tuch, das Du über ein Sieb gebreitet hast und laß die Flüssigkeit (Sirte) ablaufen. Dann erst den Quark (Topfen) wiegen.

Du brauchst:

300 g Mehl Typ 1050, ½ TL Salz, 300 g kalte Butter,
300 g sehr trockenen Topfen (ausgepreßten Quark) also
500 g Quark kaufen.

Außerdem: 1 Backbrett, 1 Nudelroller, Mehlsieb

So machst Du es richtig:

1. Das Mehl auf ein großes Holzbrett sieben.
2. 300 g kalte Butter in Scheibchen schneiden, über das Mehl verteilen.
3. Den Topfen auf den Mehl-Butterberg geben, mit einem Messer alles durchhacken, dann rasch verkneten. Den Teigkloß in einem Folienbeutel in den Kühlschrank legen bis er festgeworden ist.
4. Das Backbrett säubern, mit Mehl besieben. Teig mit Nudelholz 5 cm dick auswalken. Die Hälfte überschlagen und nocheinmal zusammenlegen wie ein Paket. Im Folienbeutel über Nacht ruhen lassen.
5. Zum Gebrauch 5 mm dick auswellen.

Aus Blätterteig
kannst Du so viele Dinge herstellen, daß die Seiten dieses Buches dann nicht mehr ausreichen würden, darum sind diese Vorschläge ein bißchen kurz gehalten. Du kommst aber sicher zurecht.

Käsegebäck

Du brauchst:

Von Deinem eigenen Quarkblätterteig oder von gekauftem – die Platten kurz auftauen lassen, ca. 3 mm dick auswellen, mit Ei bestreichen, **Kümmel** und grobes **Salz** daraufstreuen. Ca. 2 cm breite Streifen abschneiden oder ausrädeln. Eventuell zu Spiralen drehen. Andere Platte nach dem Bestreichen mit **Mohn** bestreuen und 4×4 cm ausschneiden. Andere Platte nicht auswellen, nach dem Bestreichen mit **Paprika** bestreuen, kleine Rechtecke ausrädeln oder Plätzchen ausstechen und in die Mitte 1 Mandelstift drücken. Auf kalt abgespültem Blech im vorgeheiztem Backrohr auf der mittleren Einschubleiste bei 225° 10–15 Min. backen.

Törtchen

Vom Blätterteig S. 68 Vierecke oder Kreise ausstechen, mit Rand versehen: doppelstarke Teigstreifen 2 cm breit mit Wasser ankleben. Backen wie oben.
Erkaltet mit Früchten, mit Quark oder Schlagsahne füllen.

Zwetschgen-Datschi

Du brauchst:

¾ Tasse Milch
20 g Hefe (frisch)
250 g Mehl
80 g Butter
1 EL Ahornsirup
1 EL echten Vanillezucker (Reformhaus)
1 EL flüssige Butter,
1 Msp Salz, 1 TL Zimt
600 g Zwetschgen

Geschirr: Teigschüssel, Tasse, Springform ca. 30 cm Ø oder Backblech, kleines Töpfchen. (S. 11).

So machst Du es richtig:

1. In einem kleinen Töpfchen ¾ Tasse Milch erwärmen, nur bis sie lauwarm ist. 20 g Hefe hineinbröckeln und auflösen.
2. Das Mehl in eine Schüssel sieben, die Hefemilch einrühren. Die Butter in Flöckchen, das Salz und Vanillezucker hineingeben. Mit der Hand nur kurz durchkneten, stehen lassen.
3. Die Zwetschgen warm waschen. Abtropfen, entkernen und 2 × einschneiden. Backröhre auf 230° vorheizen.
4. Springform einbuttern, Teig auf dem Boden der Springform dünn auswellen ca. 3 mm, in den Ring der Form setzen, schließen. Teigrand etwas hochdrücken. Mit flüssiger Butter bepinseln. Die Zwetschgen einlegen. Schön dicht!
   Auf der mittleren Einschubleiste 25 Min. backen, bis der Rand gebräunt ist. Noch heiß mit Zimt bestreuen und etwas Ahornsirup daraufträufeln. Ist schnell gemacht und schmeckt prima!

Kann auch eingefroren werden.

Getränke

Ein Wasser klar und rein
1 l sollt es täglich sein!

Du kannst viel **zwischen** den Mahlzeiten trinken, aber meide süße Limonaden und Colagetränke. Kippe Getränke nicht nur so hinunter, Schlückchen für Schlückchen bitte!

Mineralwasser mit Zitronen- oder Orangenscheibe einer unbehandelten Frucht ist sehr erfrischend.

Skiwasser

Saft von ½ Zitrone u. 1 EL Himbeersaft in einem Becher mit ¼ l Inhalt geben. Im Winter mit ¼ l **heißem** oder im Sommer mit ¼ l **kaltem** Mineralwasser auffüllen.

Wenn Du einen Schulausflug machst und es sehr heiß ist, löscht warmer Pfefferminztee mit Zitrone und einer Prise Salz (keinen Zucker) den Durst ganz ausgezeichnet (Bergsteiger Rezept)

Erfrischungstee von Tante Mimi

Diesen Tee läßt Du Dir am besten in einem Kräutergeschäft mischen.

1 Teil Ringelblume
1 Teil Himbeerblätter
1 Teil Malve blau
1 Teil Brombeerblätter
½ Teil Apfelschalen
½ Teil Rosenblätter
1 Teil Hibiskus

1 EL davon in ½ l Kännchen geben, mit kochendem Wasser überbrühen. Wenn er schön rosa ist, abseihen (ca. 5 Min.). Braucht nicht gesüßt zu werden. Schmeckt auch kalt gut. Diesen Tee kannst Du in größeren Mengen herstellen und untertags zwischen den Mahlzeiten trinken.

Abendtee

für abends eignet sich sehr gut

Melissentee

aus der aromatischen Zitronenmelisse frisch oder getrocknet.

1 TL Tee auf eine große Tasse, wenn der Tee etwas abgekühlt (unter 40°) kann man 1 TL Honig hinzufügen.

Gute Nacht!

Diesen Tee
kannst Du bei einer Party heiß oder
kalt servieren!

Orangentee

Du brauchst:

pro Person ca. ¼ l Wasser
1 Beutel Schwarztee
1 Beutel Brombeerblättertee
1 unbehandelte Orange, Saft und Schale

So machst Du es richtig:

1. Wasser zum Kochen bringen.
2. Teebeutel in eine Kanne hängen.
3. Kochendes Wasser darüber geben, kurz ziehen lassen – Schwarzteebeutel als ersten herausnehmen.
4. Orange warm waschen, in den Tee etwas Schale ganz fein reiben. Saft ausdrücken und zufügen. Warm servieren oder kalt mit

Spezial Eiswürfel

Rechtzeitig vorher gleichen Tee wie oben herstellen. In Eiswürfelbehälter füllen. In jedes Fach eine gewaschene Kirsche oder Sauerkirsche mit Stiel geben und mit einfrieren. Wenn die Gäste einen Würfel in den Tee geben, können sie ihn am Kirschenstiel anfassen und außerdem wird der Tee nicht verwässert, weil der Würfel ja auch aus Tee ist.

Klare Sache!

Milch-Mix-Getränke

Himbeer-Mimi

1 Tasse Himbeeren frische oder tiefgekühlt ½ Tasse süße Sahne	in einen 1 l Becher geben, damit vermixen.
2 Tassen Milch, Buttermilch oder Joghurt	gut gekühlt unterschlagen.

Heidelbeer-Mimi

wie Himbeer-Mimi herstellen mit 1 Tasse Heidelbeeren. Durchsieben!

Bananen-Mimi

1 kleine Banane	zerteilen
Saft v. ½ Zitrone	darübergießen, fest vermischen mit
⅜ l Milch oder Joghurt	fest verschlagen.

Vanille Milch

⅓ Vanilleschote	spalten, Samen mit Messer auskratzen in einen Mixbecher geben,
1 EL geriebene Mandeln	zufügen
¼ l kalte Milch, 1 TL Honig	fest damit verschlagen.

Dieses Getränk kannst Du auch mit warmer Milch herstellen, nicht über 40°, sonst verliert der Honig an Wert!

Ananas Milch

1 Scheibe frische Ananas	in Stücke schneiden, mit dem Mixstab vermusen.
2 EL süße Sahne ¼ l Vollmilch	zufügen und fest mixen.

abends

Abends sollte es
nichts Schweres sein, bald muß ich doch
ins Bett hinein.

Eierflaumsuppe oder Kartoffelsüppchen

*

Pellkartoffeln mit Butter, Kräuter-Quark, Tomate

*

Gemüsenudeln

*

Butterbrot mit Camembert oder anderem Weichkäse, Apfelscheiben und Zwiebelringe darauf und etwas Paprika daraufstreuen.

*

Vollkornbrot, Butter und Radieschen, Rettich.

*

Tomaten Blitzgericht

*

Nico's Kartoffelpfanne oder Lauch in der Pfanne.

*

Milchnudeln und Apfelbrei

*

Avocado mit Sauce nach Deiner Wahl. Siehe „Saucen".

*

Müsli in Melone S. 15.

*

Also kleine Maus suche Dir was aus:
Haferflocken – Apfelschmaus, und jetzt ist diese Seite aus.

Gute Nacht!

ERSTE HILFE für Dich

Wenn **Du** Dich einmal **gebrannt** hast, oder Dir heißes Fett auf die Hand gespritzt ist – lasse sofort eiskaltes Wasser darüberlaufen. Nach 2 Min. wirst Du keinen Schmerz mehr haben. Solltest Du Dir eine Brandblase zugezogen haben, nimm ein Polsterpflaster (Hansaplast) und klebe es darauf.

Wenn Du Dich **geschnitten** hast, drücke die Schnittstellen zusammen und klebe das Pflaster ziemlich stramm um den Finger mit dem Polster auf die Schnittstelle. **Aber dies ist nur die erste Notversorgung**, zeige Deine Verletzung so bald wie möglich einem Erwachsenen.

ERSTE HILFE für Angebranntes

Wenn Dir etwas im Topf oder in der Pfanne angebraten ist, nicht aufrühren! – Speisen gleich in ein anderes Gefäß umfüllen, damit ist meistens schon alles behoben. Das „angebrannte" Geschirr sofort kalt einweichen, dann normal spülen.

Zu dunkel geratenes Gebäck wird mit einem kl. Reibeisen leicht abgerubbelt, lieber 2 × leicht als 1 × zu fest!

Alphabetisches Register

Andere Bücher aus demselben Verlag:

Köstlich frische Salate von Olli Leeb
das erste Salatbuch mit allen gewachsenen Salatsorten, nach Farben geordnet. Nährwerttabelle, Farbfotos und viele Zeichnungen, Schutzklappen für die Seiten
192 S. ISBN 3-921799-88-0

Schnell was Feines von Olli Leeb
natürlich frisch, für Dich und mich ... Ein praktisches Rezeptbuch für Vielbeschäftigte, für den Minihaushalt, für Studenten und Senioren. Mit vielen Anregungen und Tips. Kalorientabelle. Alphabetische Anordnung der Rezepte. Exclusive Farbfotos und Zeichnungen. Schutzklappen für die Buchseiten. 212 S. ISBN 3-921799-81-3

Ausgewählte Desserts von Olli Leeb
feine Rezepte für jeden Geschmack und jede Linie. Nach Farben der verwendeten Früchte geordnet. Farbfotos und reich illustriert. Mit Nährwerttabelle. Schutzklappen für die Buchseiten. 198 S. ISBN 3-921799-84-8

Bayerische Leibspeisen zusammengetragen von Olli Leeb
300 Rezepte aus Altbaiern, Franken und Schwaben, kleine Bayernkunde und Bayerischer Kalender. Für In- und Ausländer leicht nachzukochen. Farbfotos und viele Zeichnungen. 172 S. ISBN 3-921799-80-5

Bavarian cooking assembled by Olli Leeb
English Edition of "Bayerische Leibspeisen" 172 p. ISBN 3-921799-85-6

Eva kocht für Adam – Adam kocht für Eva natürlich vollwertig. Olli Leeb
180 S. ISBN 3-921799-78-3

Käse selber machen von W.W. Windisch und Olli Leeb
Set: Buch, Werkzeuge und Labtabletten in einem Schuber ISBN 3-921799-82-1

Der Fleck muß weg! von Olli Leeb
Informatives Handbuch zur Pflege, Wäsche und Reinigung von edlen Textilien und Leder. 80 S. ISBN 3-921799-86-4

Die feinsten Plätzchen-Rezepte gesammelt von Olli Leeb
ein spezielles Backbuch für Plätzchen, Lebkuchen, Guetzli und Konfekt. Ausgezeichnet mit der Silbermedaille der Gastronomischen Akademie Deutschland. Farbfotos, viele Zeichnungen und Schutzklappen für die Buchseiten. 190 S. ISBN 3-921799-00-7

My favorite COOKIES from the Old Country
beloved Recipes assembled by Olli Leeb
English Edition of „die feinsten Plätzchen Rezepte" 190 p. ISBN 3-921799-97-X

Kochbuch-Verlag Olli Leeb 8000 München 21

Was man einem Kochanfänger schenken kann:

Als Wunschzettel bitte herausschneiden.

dicke Topfhandschuhe	
eine nette Schürze	
ein Gedeck Tasse, Teller ganz schön für mich allein	

* ANNA * CHRISTIAN * BARBARA * PAUL * LESLIE * MICHAEL * JUDITH * STEPHAN *
INGOLA * THOMAS * STEPHANIE * SASCHA * RUTH * FRANK * ROSMARIE * ANDRE
* QUIRIN * MERISKA * MICHELE * NINA * ELMAR * JULIA * KURT * ANNE * HEINZ * U
HARTMUT * MARLIES * RAIMUND * GUDRUN * ANTON * REBECCA * ADALBERT *
* ERNA * GEORG * HILDE * HERBERT * NICOLA * HERMANN * LOTTE * JOACHIM
LUDWIG * CARMEN * THEO * NICOLE * NORBERT * DIANA * JULIUS * CLAUDIA * M
* CHRISTA * PETER * EMILIE * MARTIN * EVA * DIRK * INGOLA * BRUNO * SUSETTE
MELANIE * BERND * ANTOINETTE * MATHIAS * HERMINE * ROBIN * MAGGIE * KLAU
* ROSWITHA * PEPPI * SIEGLINDE * TIMO * MAREILE * CHARLY * JAQUELINE * SYLV
NATALY * TASSILO * SUSAN * BERNIE * BIRGIT * ROLF * LISELOTTE * UWE * FR
* ANGELIKA * OLIVER * ANITA * DAVID * MARY * BOB * VERONIKA * LOTHAR * M
DOROTHEA * GERD * ROSI * HARRY * MARIANNE * LEO * MANUELA * BENJAMIN
* HOLGER * VERONIQUE * RALPH * IRENE * FELIX * DOROTHY * HUGO * OLLI *
IVANKA * JAMES * GITTA * LUITPOLD * THERESE * HANNES * IRMGARD * KLEMENS
* FRED * ANITA * RICHARD * PATSY * FRANZ * JUSTINE * CHRIS * DANIELA * JIM
CORNELIA * GUSTAV * MANUELA * PAUL * RINKA * RUDOLPHO * SYLVIA * WILHE
* MARBEL * ENRICO * BETSY * JIMMY * MARION * ALAIN * LYDIA * WENZEL * KA
HERBERT * MICHAELA * HEIKO * KÄTHE * LEONARD * MIMI * ALFREDO * URSULA *
* INGOR * SENTA * CLYDE * ALICE * RIEDRICH * MERCEDES * ANDREW * LOTTI * WE
KIKI * DAVID * KATHARINA * CHRIS * PAULINE * GÜNTHER * BABETTE * HEINRICH
* PHYLLIS * KARL * ANGELICA * SIEGFRIED * URSULA * LOUIS * ROSE * OTTO * CAR
ERNESTO * KERSTIN * DIETER * INEZ * CHARLES * ANGELA * ALWIN * VIOLA * G
* OTTHEINRICH * USCHI * BERT * JUDITH * BRUNO * MARGARETHE * ERNSTL * RESI
JOSEF * UTE * COLLIN * BEATE * NICKI * SOFIE * CARL * ELFIE * ANTONIO * SUNN
HILDE * JUAN * VIRGINA * ABI * BETTINA * GRETA * GUISEPPE * KAROLINA * WILF
* WALTER * LISELOTTE * ADAM * LORLE * WERNER * ELEONORE * TONI * RAMO
CECELY * WINFRIED * RICCARDA * ALEXANDER * INGRID * POLDI * MARYBELLE *
* HANNA * NADYA * SILVO * DOROTHY * GUILERMO * MAYA * DOUGLAS * AN
TILO * LORE * MICHEL * KONRAD * HEIDI * HANNS * SUSI * HOWARD * ESTHER * S
* LIZZY * THOM * ELEANOR * RUDY * BABSY * AUGUST * SIMONE * BARNABAS *
TOBIAS * LENI * ALBERT * BARBARA * HERMANN * TILDE * OSSI * ULLA * ADOLF *
* HANNELORE * REINHARD * EVITA * ERIK * STEFFI * IVAN * LAURA * OLAF * CHRIS
GERHARD * ERNA * WILLYBALD * WILMA * ERHARD * GISELA * FILBERT * GABY *
* AENNE * GERD * JOSEPHINE * OSKAR * PHILOMENE * MAXIMILIAN * NADINE * R
* KARL-THEODOR * NARINE * TOMASO * ZENZI * WASTL * IRMI * ERIC * LEOPOLDIN
ROSINA * PIETRO * THEKLA * EUGEN * ANNEMARIE * WOLFI * RIA * PEDRO * ADE
* FRÄNZIS * HANSJAKOB * GERTRAUD * QUIRIN * EDELTRAUD * TINO * WALBU
MAGDA * NICHOLAS * CHRISTL * HEINZ * FANNY * EGON * ILSEBILL * BASTIAN * V
* VICTORIA * ARNO * MICHELE * NICOLAI * EMMY * ROY * MARTHA * FRIDOLIN
WOLFDIETRICH * JENNY * FRIDERUN * DENIS * JAN * GITTY * BERTHOLD * ERMA *
* MARCELL * CONSTANCE * ARND * KATHRIN * HANNO * BRIGIT * MAURICE * KATH
DOMINIQUE * SAMUEL * ROSEL * MICHI * GITTA * JACK * LISE * OTFRIED * YTA * M
* GEROLD * LEONIE * ARNE * KIRBY * EKKEHARD * LIESEL * CHRISTOPH * MARLIESE *
EDGAR * SALLY * BAPTISTE * REINLINDE * RAUL * BRITA * ALPHONSE * ANNABELL
* BRIAN * TOMASINE * KURT * DORLE * RUSSEL * VIVIAN * WINFRID * ESTER * G